20 Touren

Uli Auffermann

Bochum

Stadtwanderführer

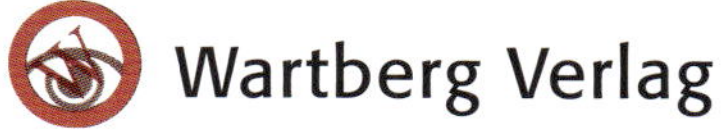

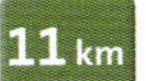

Weglänge

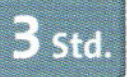

Gehzeit

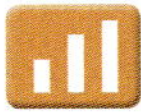
Schwierigkeitsgrad

Rundwanderung

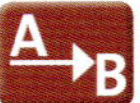

Streckenwanderung

Einkehrmöglichkeit

Bildnachweis: Alle Fotos stammen von Uli Auffermann.

Kartengrundlage: Amtlicher Stadtplan Bochum, vervielfältigt mit Genehmigung des Amtes für Geoinformation, Liegenschaften und Kataster der Stadt Bochum vom 30.08.2012, Kontrollnummer: B0/12/219

1. Auflage 2013

Satz und Layout: Christiane Zay, Potsdam
Druck und Buchbinderische Verarbeitung:
Druck- und Verlagshaus Thiele & Schwarz GmbH, Kassel

34281 Gudensberg-Gleichen, Im Wiesental 1
Telefon: 0 56 03 - 9 30 50
www.wartberg-verlag.de

ISBN 978-3-8313-2334-0

Inhalt

Vorwort

Keine Frage – wir Bochumer hängen an unserer Stadt! Wir sind mit ihr verwurzelt, verbunden! Aber kennen wir sie auch wirklich? Wissen wir eigentlich, wie viele interessante, schöne und liebenswerte Ecken und Winkel Bochum zu bieten hat? Denn sie ist ja keine gewachsene, uralte Stadt, sondern vielmehr der Zusammenschluss zahlreicher einst ländlich geprägter Ortschaften, die heute noch als Stadtteile ihren ganz eigenen Charme, ihre Eigenarten haben und für ein ganz individuelles Lebensgefühl stehen – und doch seit der Industrialisierung rasant gewachsen und zur modernen Großstadt vereint.

Kohle und Stahl haben Bochum groß gemacht, und die harte Arbeit hat die Menschen geprägt. Sind die Zechen auch längst aus dem Blickfeld verschwunden, wird das große Erbe gedanklich doch von Generation zu Generation weitergegeben. Bochum wandelt sich, präsentiert sich heute dynamisch und zukunftsorientiert mit viel Kultur und Lebensart, ist dabei immer noch ein Schmelztiegel der Nationalitäten.

Es gibt allerhand zu entdecken bei uns in Bochum. Und am besten geht das zu Fuß. Erstaunt stellen wir dann fest, wie viele schöne, alte Häuser es gibt, obwohl die Stadt doch so hart vom Krieg gezeichnet war, wie grün und idyllisch sich so mancher Abschnitt zeigt, wie viel Geschichte und gepflegte Traditionen zu erleben sind von der City bis hinaus an die Stadtgrenzen, wie mannigfaltig sich Einkehr und Gastlichkeit darstellen.

Die Touren sollen Anregung sein für eigene Entdeckungen. Mit verschiedenen Themen und vielen Eindrücken, zum Nachwandern wie zur Erweiterung und Ergänzung gedacht. Bitte berücksichtigen Sie, dass sich durch Neubebauung, Sperrung usw. unterwegs auch einmal Änderungen ergeben könnten.

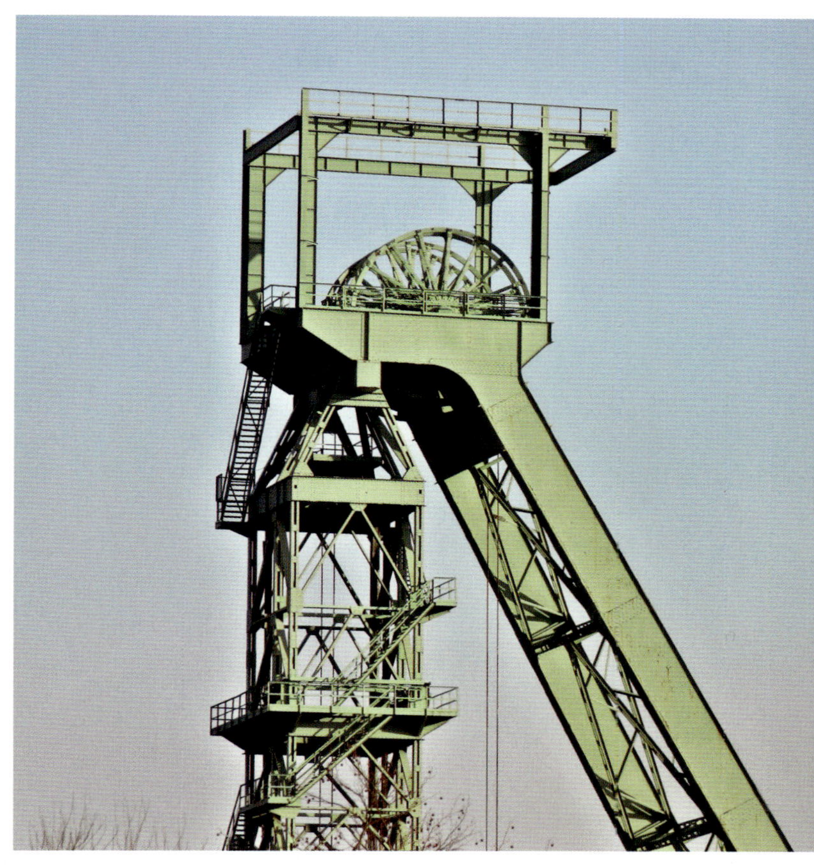

Ein aktueller Stadtplan kann deshalb stets gute Dienste leisten. Und festes, bequemes Schuhwerk ist sinnvoll, denn nicht überall sind die Wege asphaltiert. Also, auf geht's! Direkt vor der Haustüre kann es losgehen, um dann Stück für Stück, Ortsteil für Ortsteil zu erkunden. Denn es ist eine vielfältige, eine interessante Stadt – unser Bochum!

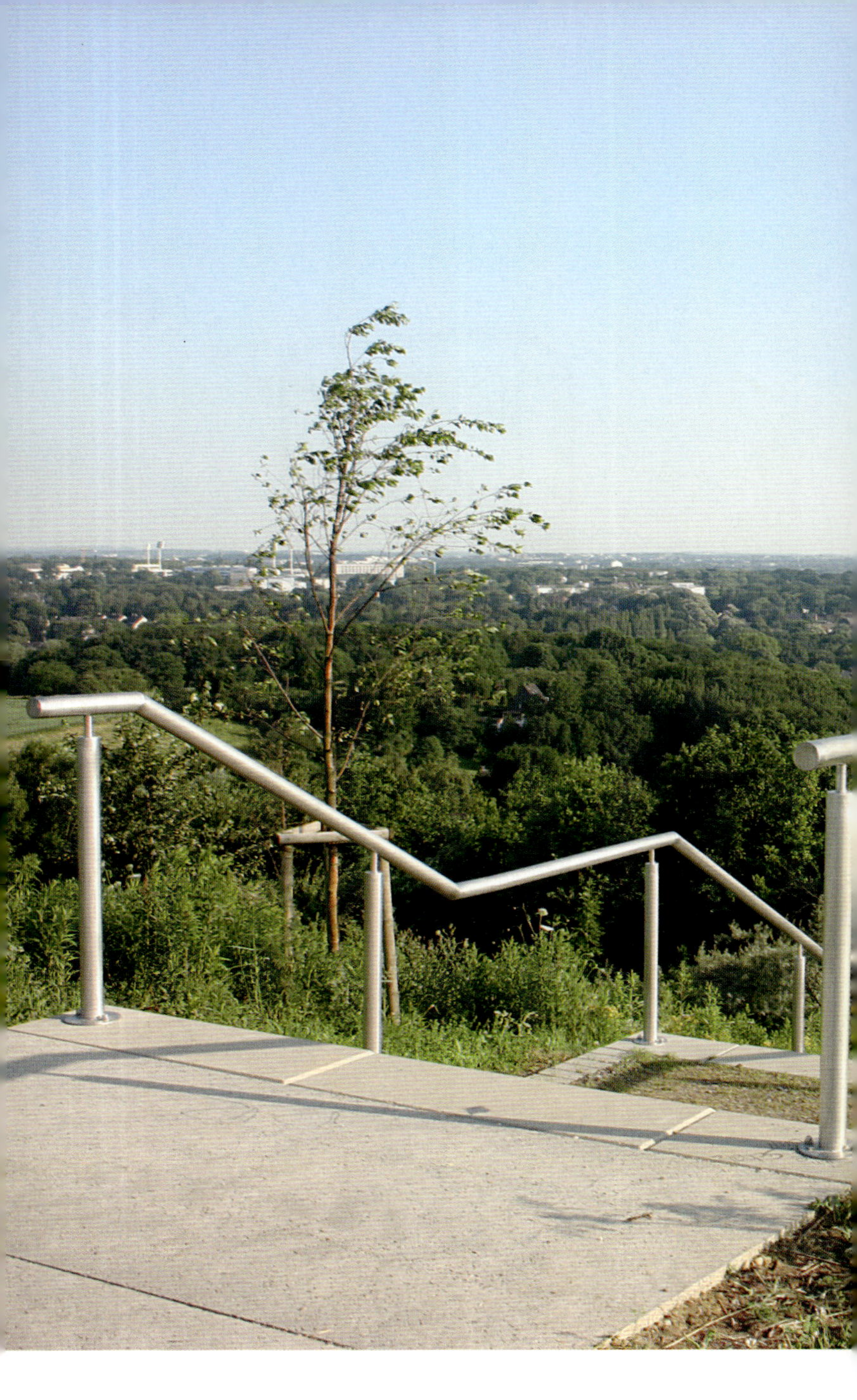

Stadtteiltouren

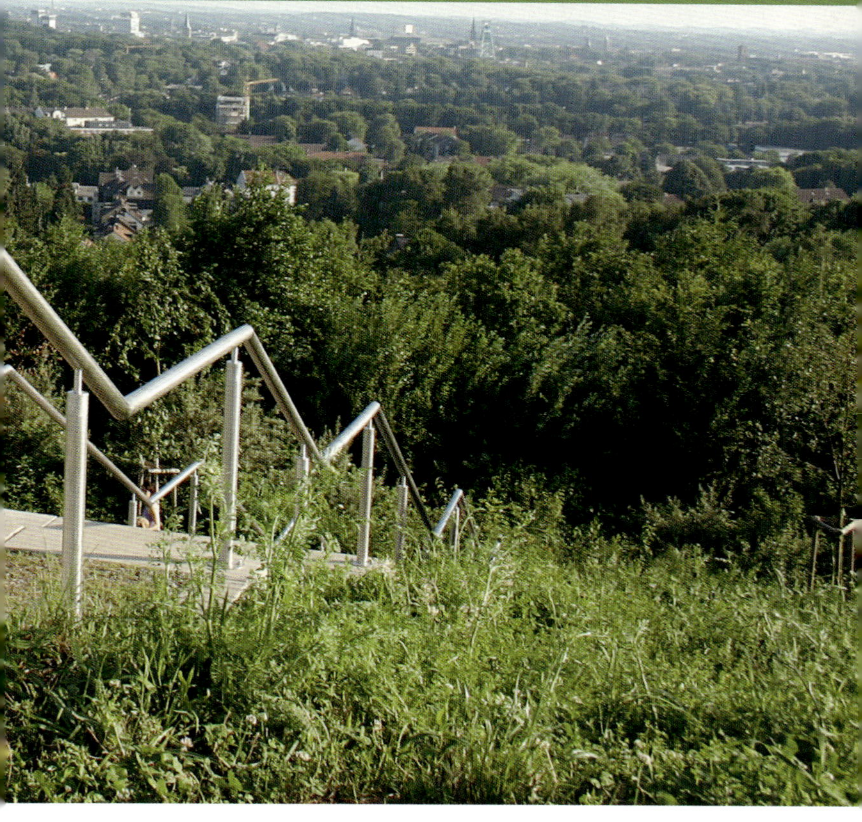

Tour 1

Von Linden nach Weitmar

Im Bochumer Süden führt uns die Wanderung vom Marktplatz in Linden hinauf nach Weitmar. Dort erkunden wir den Schlosspark um Haus Weitmar, kommen ins alte Weitmarer Holz und statten der berühmten Sternwarte von Sundern einen Besuch ab, bevor es hinab ins Ruhrtal geht. Der kleinen Donnerbecke entlang bringt uns ein letzter Aufstieg zurück nach Linden.

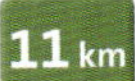

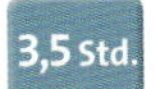

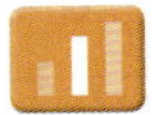
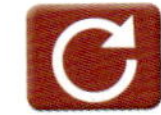

Start u. Ziel:
Marktplatz Linden bzw. Wilhelm-Hopmann-Platz, 44879 Bochum

Bus/Bahn:
versch. Busse, sowie Straßenbahn 308/318 bis Haltestelle „Linden Mitte"

Wegbeschaffenheit:
befestigte Wege, teilweise Asphaltstraßen und unbefestigte Waldwege; ein langer, gemäßigter Anstieg und ein weiterer Anstieg; für Kinder geeignet

Wegbeschreibung

Vielen in den 1970er-Jahren aufgewachsenen Bochumern ist Linden vor allem durch den Standort eines der wenigen Freibäder der Stadt bekannt - da wurde mit Sack und Pack die Straßenbahn und später auch das Familienauto bestiegen, um einen ganzen Ferientag dort zu verbringen. Wir starten am **Marktplatz (Wilhelm-Hopmann-Platz)**, auf dem zweimal pro Woche der traditionelle Wochenmarkt seine Stände aufbaut, folgen wenige Meter der **Hattinger Straße** und kommen links in die **Keilstraße**. Kurz darauf rechts dem Fußweg nach durchs Grüne zum Hallenfreibad. Rechts oberhalb (an der Hattinger Straße) sieht man zunächst die katholische Liebfrauenkirche von 1866 und wenig weiter auch die evangelische Kirche, die, 1897 erbaut, im Krieg zerstört wurde und in den 1950er-Jahren neu errichtet werden musste.

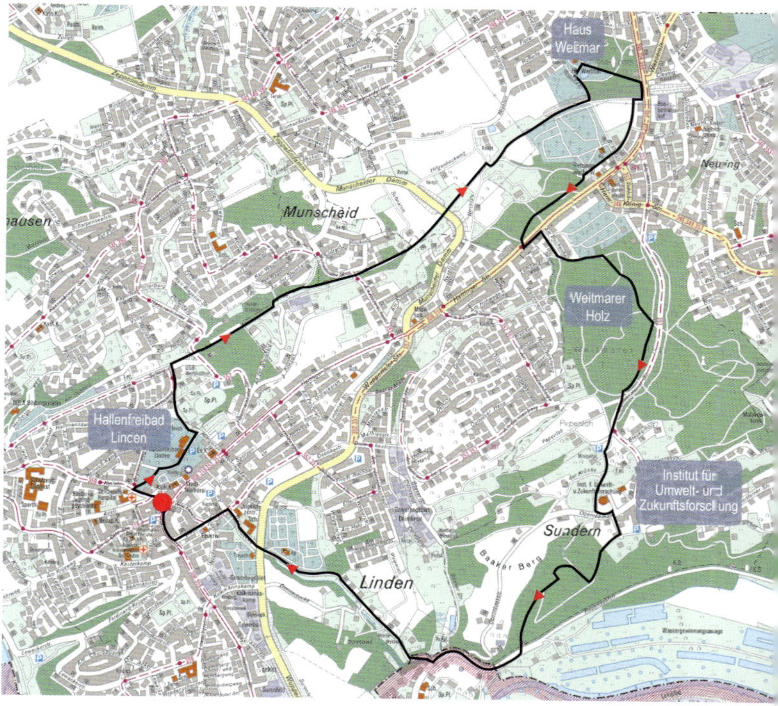

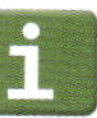

Schon im Mittelalter existierte das Dorf Linden, lag rechts und links der Hattinger Straße, einem Verbindungsweg zwischen Bochum und Köln. Wie viele Ortschaften im Ruhrgebiet wuchs es während der Industrialisierung sehr schnell, als man begann, in den Ruhrhängen die Kohle industriell abzubauen. Die Zechen Hasenwinkel, Baaker Mulde, Dickebaeckerbank und Friedlicher Nachbar sind nur einige Namen der Bergbaugeschichte, von der heute nicht mehr viel zu sehen ist.

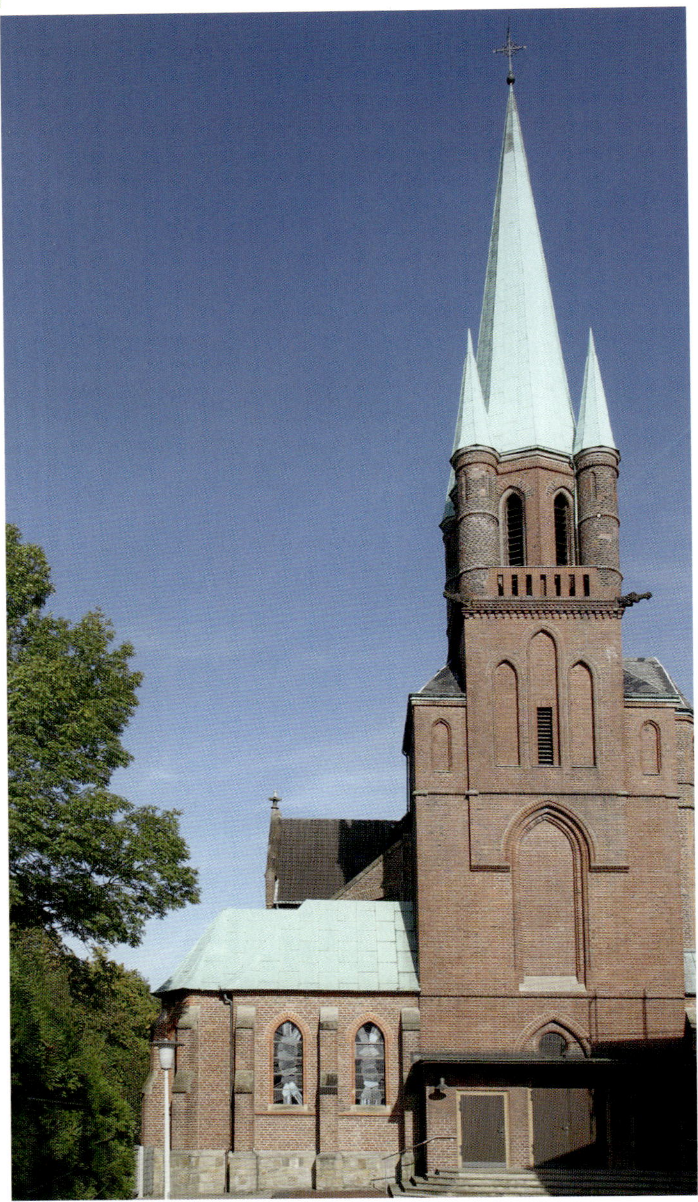

Liebfrauenkirche in Linden

Wo unser Weg endet, links einem Fußweg nach zwischen Schwimmbad und Sportanlage zur Straße **Halfmannswiese**, auf der wir nahezu geradeaus zur Querstraße **Am Sattelgut** gelangen. Gleich auf der anderen Straßenseite können wir uns rechts haltend der parallel verlaufenden ehemaligen Kohlenbahntrasse von 1811 anschließen, die einst die Zechen miteinander verband und heute angenehm durchs Grüne verläuft. An der Straße **Am Röderschacht** lohnt dann ein kleiner Abstecher zur **Kolonie Friedlicher Nachbar**.

i

Die Siedlung wurde in den 1880er-Jahren für die Arbeiter der Zeche Friedlicher Nachbar erbaut, nahe am Betrieb, quasi mitten in die Landschaft gesetzt. Dabei entstanden dreizehn einheitliche, zweigeschossige Häuser mit flach gedeckten Dächern entlang der steilen Straße Am Röderschacht, und jeweils acht Wohnungen fanden darin Platz, natürlich mit dazugehörigem Garten zur Selbstversorgung. Eine bedachtsame Sanierung ließ den Häusern mit der roten Ziegelfassade ihr ursprüngliches Erscheinungsbild.

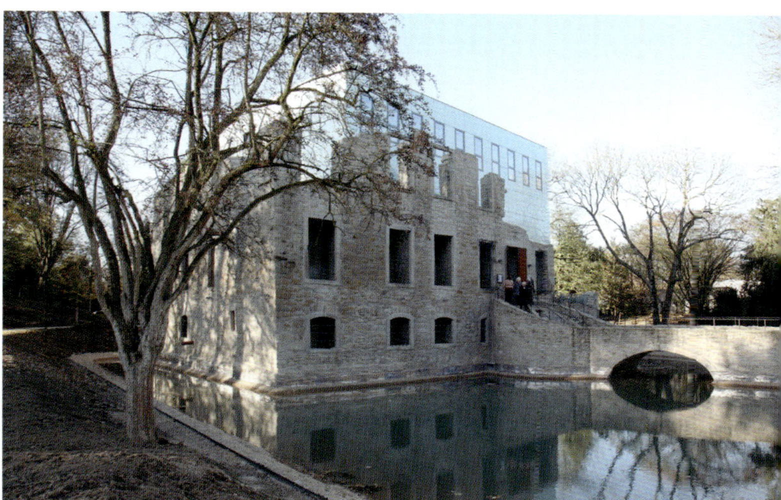

Ruine Haus Weitmar mit neuem Glaskubus

1

Die ehemalige Bahntrasse wird etwas später von der Brücke der Straße Munscheider Damm gekreuzt, und weiterhin ansteigend geht's Richtung Weitmar, bis wir am Friedhof vorbei auf die **Schloßstrasse** treffen und links einbiegen. Schnell ist der Schlosspark am alten **Haus Weitmar** erreicht, und wir machen einen kleinen Rundgang.

i

Vor mehr als 1000 Jahren gab es an derselben Stelle bereits ein Bauerngut (Schulzenhof), aus dem man während des 13. Jahrhunderts eine befestigte Wasseranlage machte. 1592 dann erbaute Johann von Hasenkamp ein Herrenhaus aus Ruhrsandstein im Renaissancestil, das 1943 bei einem Fliegerangriff größtenteils zerstört wurde. Die Ruinen von Haupthaus und Vorburg liegen inmitten eines romantischen Schlossparks. 2010 wurde dort ein viergeschossiger Glaskubus als Kulturstätte eröffnet: Er bietet der Ausstellung „Situation Kunst" (für Max Imdahl) der Kunstsammlungen der Ruhr-Uni Raum (www.situation-kunst.de). Und an einer Ecke des Schlossparks findet man auch die Ruinen der einst gotischen Sylvesterkapelle.

Durch den Park gelangen wir auf schnurgeradem Weg zur **Hattinger Straße,** halten uns nun zweimal rechts, um hinter dem alten Trassendamm links in einen Weg einzubiegen, der uns zurück zur **Schloßstrasse** bringt. Geradeaus wieder am Friedhof vorbei – diesmal auf der anderen Seite – kommen wir in ein erstes Waldstück. Am Ende links überqueren wir die Hattinger Straße und können nun dem Wanderzeichen „weißes Quadrat" ins Weitmarer Holz folgen (kurz links, dann rechts). An der Gabelung am Waldrand links leitet uns das Wanderzeichen durch das ausgedehnte Waldgebiet mit seinen uralten Bäumen. Schon immer war das 80 Hektar große Weitmarer Holz ein beliebtes Ziel für den Sonntagsausflug, eine Oase der Erholung, in dem ein weitläufiges Wegenetz zum Spazieren einlädt und das sehenswerte Wildgehege Groß und Klein gleichermaßen anzieht.

Kurz vor der Blankensteiner Straße wird das Wanderzeichen verlassen, das nach links zieht. Wir nehmen den Weg nach rechts, der parallel, aber etwas entfernt zur **Blankensteiner Straße** durch den Wald verläuft, bis wir auf die Straße treffen und mit dieser kurz darauf den Wald verlassen. Hier steht linker Hand die traditionsreiche **Gaststätte „Forsthaus"**. Jetzt können wir dem Wanderzeichen „Kreis" folgen, das geradeaus ins

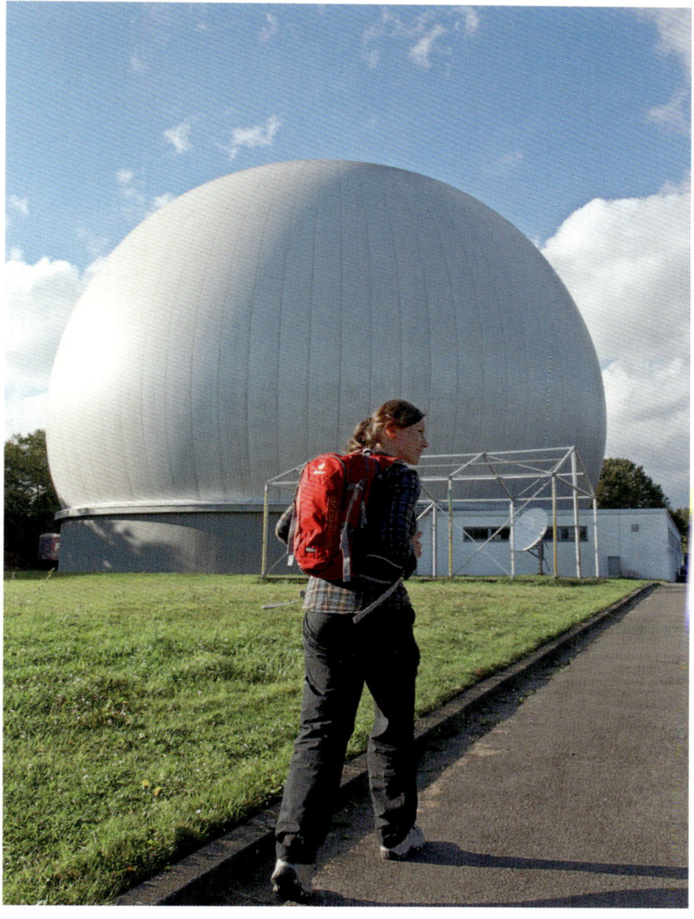

An der Sternwarte Sundern

Sträßchen **Auf der Krücke** hinein nach Sundern leitet. Dabei passieren wir mit **Borgböhmer's „Waldesruh"** eine stadtbekannte Ausflugsgaststätte mit Minigolfplatz. Das Haus war vor einigen Jahren abgebrannt und wurde inzwischen neu aufgebaut. Anschließend kommen wir zur **Sternwarte**, die mit dem kuppelförmigen Radom über der Parabolantenne ein Blickfang im Bochumer Süden ist.

i

Professor Heinz Kaminski gründete die damalige Schul- und Volkssternwarte, die 1961 vom „Sputnik-Keller" zum Institut für Satelliten- und Weltraumforschung erhoben wurde und zu Weltruhm gelangte, als von dort 1969, als Apollo 11 die ersten Menschen zum Mond brachte, die europaweit einzigen sensationellen Live-Übertragungen für Fernsehen und Rundfunk kamen. Es war die erste Messstation dieses Forschungsfelds der Bundesrepublik. Auch heute noch verfügt das Institut für Umwelt und Zukunftsforschung (IUZ), wie es nun heißt, über hochentwickelte Antennenanlagen, um Signale von erdumlaufenden und geostationären Satelliten zu empfangen.

Mit Wanderzeichen „Kreis" danach noch einmal durch den Wald und teilweise recht steil hinunter ins Ruhrtal. Hier breiten sich die Wassergewinnungsanlagen aus, und so darf man die Ruhrauen bis hinüber nach Blankenstein nicht betreten. Das Pumpwerk gegenüber arbeitet bereits seit 1871 und ist damit das älteste auf Bochumer Gebiet. Ungefähr dort, wo wir aus dem Wald austreten, muss einmal der **Rauendahler Kohlenweg** gewesen sein – Deutschlands erster Eisenschienenweg – genutzt noch ohne Dampfantrieb.

i

Schon 1787 nutzte man an dieser Stelle erstmals Eisenschienen, um auf ihnen Wagen zu befördern, ja man könnte sagen, dass sich hier die erste Eisenbahn Deutschlands befand – also industriehistorisch ein bedeutender Ort. Die hölzernen, mit Kohlen beladenen Wagen ließ man hinunter ins Tal gleiten, während ein Bremser die Fahrt überwachte. Gesammelt wurde die Fracht dann in den Ruhrauen auf einer sogenannten Kohlenniederlage, bevor sie im damaligen Rauendahler Kohlehafen auf die Ruhraaken verladen wurde. Anschließend mussten die entleerten Waggons von Pferden wieder den Berg hinaufgezogen werden.

Nun rechts entlang der **Rauendahlstraße**, weiterhin mit „Kreis" und (seit der Rauendahlstraße neu hinzukommen) „B im Kreis". Danach durch die Grünanlage am Bächlein Donnerbecke, das wie die meisten kleinen Wildbäche das Schicksal der Kanalisierung erlitten hatte, den Wanderzeichen aufwärts folgen. An der großen **Wuppertaler Straße (B51)**, die als Umgehungsstraße die Hattinger Straße entlastet, liegt nun rechts und links der Friedhof von Linden. Wir unterqueren die B51, halten uns an die Straße **Donnerbecke**, nehmen dann links die **Lindener** zur **Hattinger Straße**.

i

Interessant ist die Vergangenheit des Gasthauses „Zur Alten Post La Posta". In dem alten schieferbeschlagenen Gebäude befand sich eine Poststation der Postkutsche zwischen Bochum und Hattingen. Als dann ab 1901 die elektrische Straßenbahn Weitmar mit Hattingen verband, wurde die Pferdepostlinie eingestellt. Ebenfalls an der Hattinger Straße (Nr. 863) gab es das Bürgerhaus Tusculum. Mitte des 19. Jahrhunderts hatte es der langjährige Lindener Knappschaftsarzt Ferdinand Krüger erbaut, der gleichzeitig Gründer und Leiter des St.-Joseph-Hospitals in Linden war. Es war eines der wenigen noch erhaltenen Häuser im niederbergisch-westfälischen Baustil und sollte in den 1980er-Jahren abgerissen werden, doch die Bürger protestierten. Gerettet werden konnte es zwar nicht, aber zwei Ärzte ersetzten es durch einen reizvollen Nachbau ganz ähnlicher Art.

Ohne Wanderzeichen wenden wir uns zum Schluss nach rechts und haben gleich darauf den Markplatz erreicht.

Tour 2

Von Dahlhausen nach Höntrop

Von Dahlhausen, ganz im Südwesten von Bochum, wandern wir hinauf nach Höntrop. Und nach einer Runde durch den Südpark geht es im ländlich geprägten Oberdahlhausen durch das Hörsterholz und auf der längst „wanderbaren" alten Kohlenbahntrasse zurück.

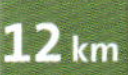
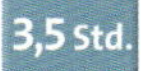
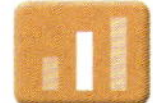

Start u. Ziel:
Bahnhof Bochum-Dahlhausen, Otto-Wels-Platz, 44789 Bochum

Bus/Bahn:
versch. Buslinien (345, 390 u. a.), sowie Straßenbahn 318 bis Haltestelle „Bochum-Dahlhausen"

Wegbeschaffenheit:
befestigte Wege und Asphaltstraßen, einige Wald- bzw. Feldwege; welliges Streckenprofil, ein deutlicher Abstieg; für Kinder geeignet

Wegbeschreibung

Vom **Otto-Wels-Platz** wenige Meter hinüber bis zum Kreisverkehr; dort in die **Eiberger Straße**, auf der wir ganz in der Nähe rechter Hand den alten **Hochbunker** entdecken können. Bald nach Kriegsbeginn mussten zumeist französische Kriegsgefangene in Bochum die Schutzräume errichten. Der Bunker in Dahlhausen ist einer von 15 Hoch- und Tiefbunkern, die bis Kriegsende in unserer Stadt entstanden, und einige sind bis heute erhalten. Auf der **Eiberger Straße** kommen wir zu den Siedlungshäusern des Otto-Werks, die teils unter Denkmalschutz stehen und sich auch an den rechts abzweigenden Seitenstraßen (u. a. Silberbank) ausbreiten. Denn anders als z. B. das ebenfalls im Süden gelegene Stiepel, das heute eine bevorzugte und teure Wohngegend ist, entwickelte sich Dahlhausen nach dem Ende

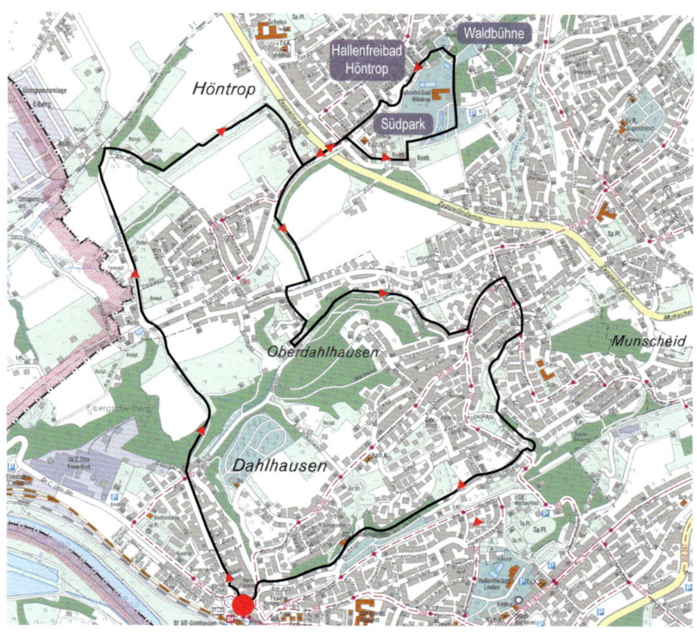

der kleinen Stollenzechen zu einem Industriestandort. Die Zahl der Bewohner stieg an und Wohnraum wurde benötigt.

Zu Beginn des 20. Jahrhunderts baute das Dr. C. Otto-Werk für seine Arbeiter eine kleine Siedlung mit anliegenden Gärten und Ställen – Selbstversorgung war damals enorm wichtig. Arbeitskräfte wurden seinerzeit bereits bis nach Osteuropa (Polen), später bis nach Südeuropa angeworben. 1872 hatte Carlos Otto sein Werk für feuerfeste Produkte gegründet. Das „Otto" produziert noch immer hauptsächlich feuerfeste Steine für Hochöfen und Kokereien, inzwischen aber auch für kleinere Brennöfen, wie z. B. Pizzaöfen. Mit aktuell noch rund 300 Beschäftigten ist es der wichtigste und größte Betrieb in Dahlhausen. Mittlerweile hat auch hier der Strukturwandel deutliche Spuren hinterlassen; so entstehen auf ehemaligen Industriebrachen (z. B. südwestlich von Eiberger und Dr.-C.-Otto-Straße) neue Wohn- und Arbeitsquartiere.

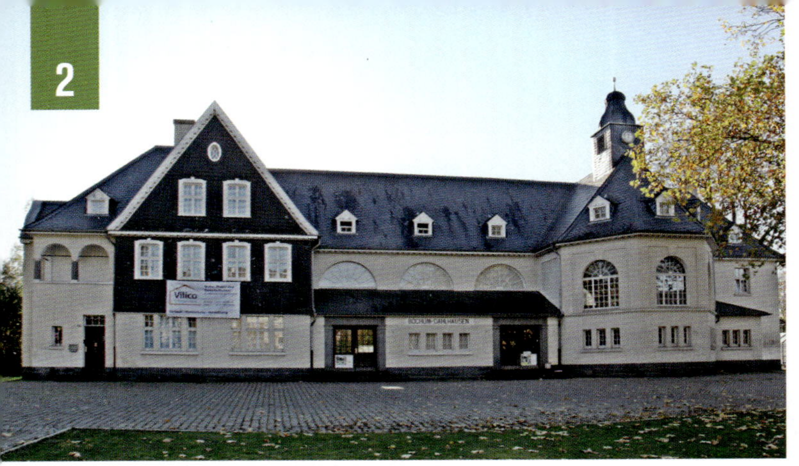

Alter Bahnhof Dahlhausen

Der ansteigenden **Eiberger Straße** nach, erreichen wir die Kreuzung mit der Straße Am Ruhrort. Bliebe man an der Eiberger Straße, käme man zum nahen „Otto-Werk“, doch wir nehmen schräg gegenüber das Sträßchen **Im Stapel** (vorbei an Haus Nr. 60). Unser Weg zieht sich zuerst durch ein Wäldchen, dann durch offene Feldflur hinauf Richtung Eibergschem Berg. Das Sträßchen endet nahe dem Spelberghof, einem Reiterhof für therapeutisches Reiten. Geradeaus kommen wir in den **Stalleickenweg** und in Höntroper Feldflur. Nach etwa 1000 m (noch vor der S-Bahn-Linie) biegen wir bei den Fischteichen rechts ab (**Am Hosiepen**) und passieren gleich den nächsten Reiterhof. Es geht Richtung Siedlung am Eiberg, aber wir wollen schon vorher links den Weg vorbei an den Kleingärten einschlagen (dem Wanderzeichen „W im Kreis“ nach). Am Ende der Gartenkolonie, kurz vor Höntrop, rechts (**In der Mecklenbecke**), gelangen wir kurz darauf zur **Varenholzstraße**. Haben wir sie überquert, nehmen wir links haltend den kleinen, parallel verlaufenden Weg durchs Grüne, um einen Abstecher in den **Höntroper Südpark** zu machen. Dafür mit der blauen Fußgängerbrücke über den Zeppelindamm und dem Wanderzeichen „W im Kreis“ rechts in die **Zollstraße** folgen. Durch die Anlagen des Reiterhofs, dann am Waldrand des Südparks entlang und bald links hinein in den schönen Laubwald, wo wir kurz darauf das Hallenfreibad passieren. An der Gabelung links; danach zieht „W im Kreis“ ohne uns nach rechts Richtung Waldbühne. Wir gehen noch wenige Meter geradeaus, biegen dann am Rand von Höntrop (ohne das Wanderzeichen) links in einen kleinen Fußweg ein.

i

Höntrop blickt auf eine lange Geschichte zurück; so werden seine Bewohner bereits im 9. Jahrhundert in Registern des Klosters Werden aufgeführt. Der ursprüngliche Dorfkern liegt an der heutigen Höntroper Straße/Op de Veith. Nachdem das zuvor selbständige Höntrop nach Wattenscheid gekommen war, errichtete man Ende der 1920er-Jahre auch den Südpark. Schwimmbad und Waldbühne wurden beide 1929 fertiggestellt – zur Eröffnung spielte man in der Freilichtbühne Shakespeares „Sommernachtstraum“.

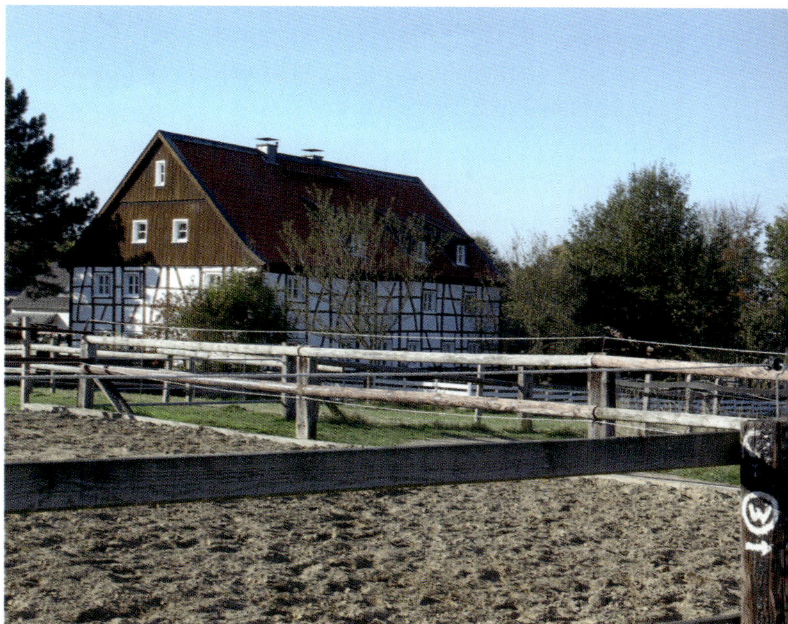

Ländliches Flair in Höntrop

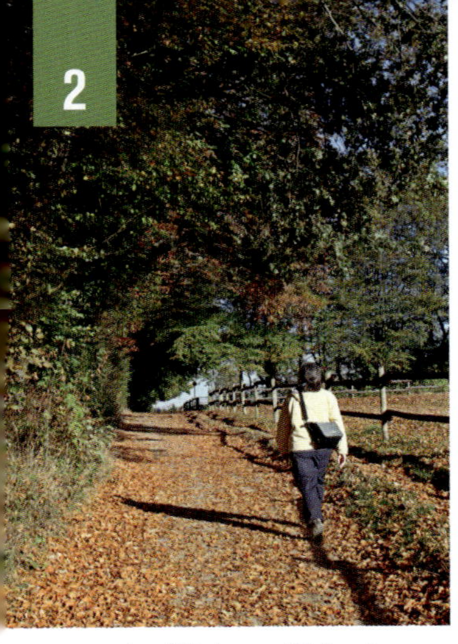

Am Höntroper Südpark

Am **Wacholderweg** geradeaus dem Parkweg nach am Rand des Südparks entlang. Am Ende treffen wir auf die Straße **Forstring**, biegen links ein, kommen an der katholischen Kirche vorbei und zur Fußgängerbrücke, die uns erneut über den Zeppelindamm bringt. Jetzt wieder parallel zur Varenholzstraße immer geradeaus dem Fußweg nach, bis wir „W im Kreis" an der Stelle begegnen, wo es uns nach links durch den schmalen Waldstreifen in den Feldern hinüber zur **Sudholzstraße** leitet und von dort erst rechts, dann links abbiegend zum **Hörsterholz** in Oberdahlhausen. Am Waldrand wechseln wir sofort kurz zum „Kreis", wandern nun links leicht bergan durch den Wald. Bald sehen wir auch die Markierung des Bergbauwanderwegs Dahlhausen (Schlegel und Eisen gekreuzt, mit den Werkzeugköpfen nach oben), dem wir von nun an folgen können. Anhand von Infotafeln erklärt der rund 14 km lange Rundweg bergbauhistorisch interessante Wegpunkte. Der Waldweg geht in die **Schluchtstraße** über, die hier am Wald auch lockere Wohnbebauung aufweist. Weiter aufwärts endet sie mit kurzer, starker Steigung an der **Scharpenseelstraße**. Wir biegen links ein und folgen wie zuvor dem Wanderzeichen, das uns anschließend eine kleine Weile durch Wohnbebauung führt. Erst in die **Hasenwinkeler Straße**, danach rechts in den **Höhenweg**, von dort links in den **Köllerholzweg** und wenig später rechts ins Sträßchen **Polterberg**, das uns wieder ins Tal bringt. Dort treffen wir in der Nähe einer Brücke (Hasenwinkeler Straße) auf die Rad- und Fußwegtrasse der ehemaligen **Kohlenbahn**.

i

Als die Trasse 1811 angelegt wurde, setzte man noch Pferde ein, um die verladene Kohle der anliegenden Zechen von Weitmar bis Dahlhausen zur Ruhr zu transportieren. Dort wurde sie in sogenannten Kohlenniederlagen gesammelt und auf Kähne (Ruhraaken) umgeladen. Später fuhren dann auch Dampfloks, bis die Strecke im Zuge des Zechensterbens Mitte der 1960er-Jahre stillgelegt wurde. Schon früh gestaltete man diese zum Wander- und Radweg um – eine Entwicklung, die bis heute anhält, wie z. B. bei der ehemaligen Erzbahntrasse des Bochumer Vereins, die sicher viele kennen, oder 2012 ganz aktuell bei der Trasse „Rheinischer Esel“ zwischen Dortmund, Witten und Bochum.

Im leichten Bergab spazieren wir (mit „Schlegel und Eisen“) ungestört der alten Bahnstrecke nach zum **Herbergsweg**, an dem mitten im Grüngürtel Hedtberg gelegen das ehemalige Naturfreundehaus von 1929 steht (heute BOLA-Bildungsstätte). Während der Nazizeit enteignet, wurde es nach dem Krieg Kinderfreizeithaus, das man in den 1970er-Jahren erweiterte, und bis in die 1990er-Jahre hinein konnten die Kinder bei der Stadtranderholung der AWO hier schöne Stunden verbringen. Zum Schluss bringt uns das Wanderzeichen das kurze Stück zurück zum Bahnhof Dahlhausen.

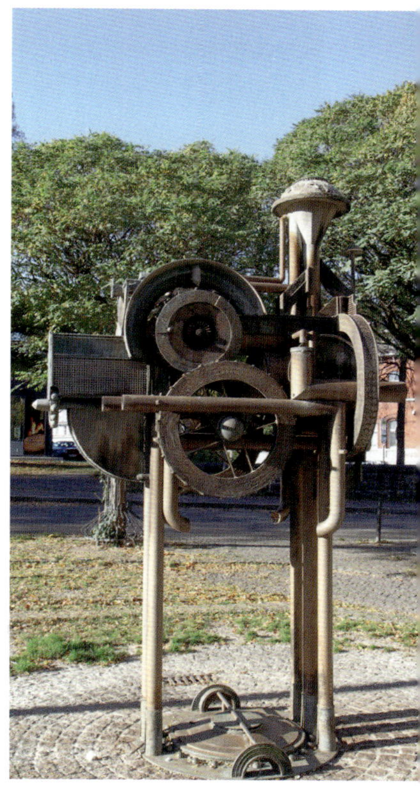

Der Brunnen „Lokomobile“ am Dahlhauser Bahnhof

Tour 3

In Wattenscheid

Wattenscheid zeigt auf dieser Stadtwanderung viele Facetten. So kommen wir am Weg der Gänsereiter vorbei zur Pilgerkapelle. Inmitten alten Bauernlands liegt Helfs Hof mit dem Heimatmuseum. Sportlich wird es am bekannten Lohrheidestadion, und noch heute markiert ein Förderturm, wo einst die gewaltige Zeche Holland stand. Am Alten Markt dann lernen wir das Zentrum Wattenscheids mit der Gertrudis-Kirche kennen.

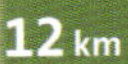

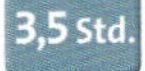

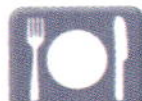

Start u. Ziel:
Schulzentrum Westenfeld,
Lohackerstraße, 44867 Bochum

Bus/Bahn:
Busse 365 u. 386 bis „Auf dem Kley“

Wegbeschaffenheit:
befestigte Gehwege, kleine Straßen; für Kinder geeignet

Wegbeschreibung

Vom **Parkplatz am Schulzentrum Westenfeld** kurz am Schulgelände entlang zum kleinen Passweg, in den wir rechts einbiegen und so am Sportplatz vorbeikommen. Am Ende links haltend, überqueren wir einmal die **Westenfelder Straße** und folgen danach kurz der Straße **Auf'm Kamp**, um von dort mit dem Sträßchen **Herrenacker** an wenigen Häusern vorbei auf dann schmalerem Weg in die Felder zu gelangen. Wir wandern am Fuße eines kleinen grünen Hügels mit Sportplatz Richtung Höntrop. An der Wegkreuzung kurz vor dem Wattenscheider Hellweg rechts; dabei schließen wir uns jetzt erst einmal der „gelben Muschel“ des Jacobs-Pilgerwegs an und kommen am

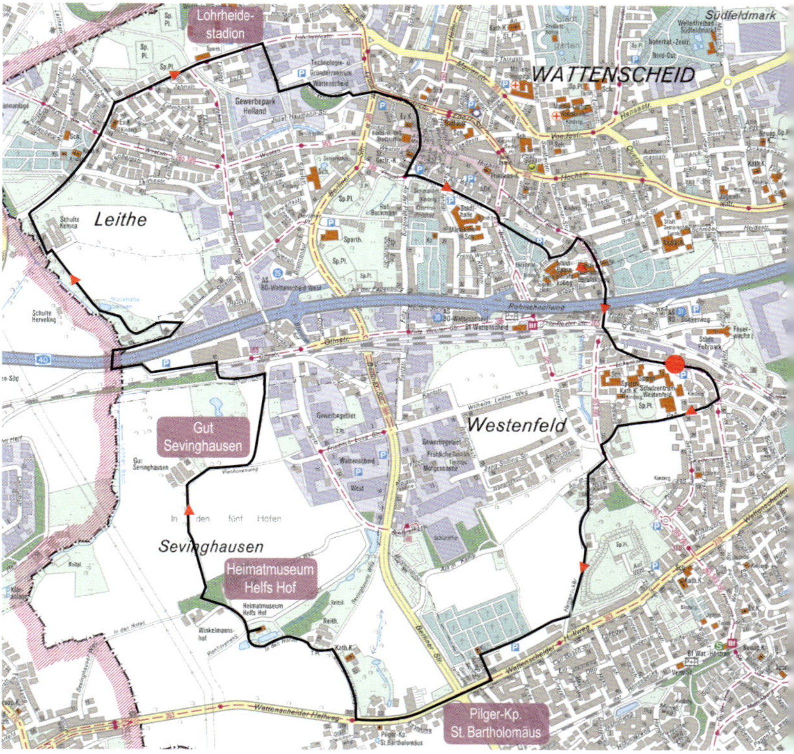

Friedhof vorbei zur Hauptstraße. Rechts weiter, zweigt vom **Wattenscheider Hellweg** gleich der kleine **Sevinghauser Gänsereiterweg** ab, um den sich ein alter, nicht ganz unumstrittener Brauch rankt.

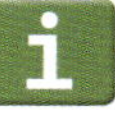

Das traditionelle Sevinghauser Gänsereiten zählt zu den ältesten Bräuchen Wattenscheids und findet immer am Rosenmontag statt. Um Gänsereiterkönig zu werden, müssen die Reiter im schnellen Ritt versuchen, einer toten Gans den Kopf abzureißen, die zuvor mit Schmierseife eingerieben und an den Beinen aufgehängt wurde (nach Protesten wird mittlerweile eine Gänseattrappe eingesetzt). Vermutlich kam diese aus Spanien stammende Tradition während des 30-jährigen

3

Kriegs nach Wattenscheid. In Höntrop steht seit 1988 das leicht zu übersehende Gänsereiterdenkmal, das an den in Höntrop und Sevinghausen gepflegten Brauch erinnert. Die kleine Figur eines auf einer Gans reitenden Männleins kann man in einem Wiesenstück an der Kreuzung Westenfelder Straße/Wattenscheider Hellweg entdecken.

Wir gehen vor zur **Berliner Straße**, die wir überqueren, und hier beginnt gleich das hügelige, bäuerlich geprägte Umland von Höntrop und Sevinghausen. Der „Pilgermuschel" geradeaus nach, erwartet uns dann im kleinen Staleicken die **Pilgerkapelle** St. Bartholomäus aus dem 14. Jahrhundert. Sie wurde 1661 im Stil der Renaissance erneuert und war Station der Wall-

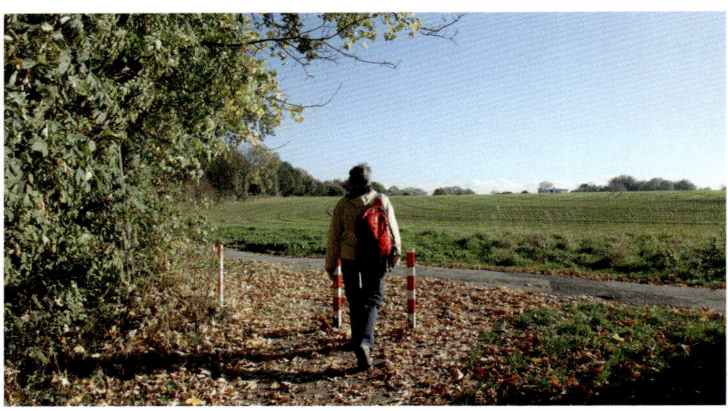

In der Sevinghauser Feldflur

fahrer auf ihrem Weg nach Santiago de Compostela, die hier in einer Herberge unterkamen. Kurz darauf geht es rechts in den **Sevinghauser Weg** (jetzt auch mit „B im Kreis"), und wir wandern auf ein paar idyllisch gelegene Hofschaften zu, darunter auch das Heimatmuseum **Helfs Hof** an einem kleinen Teich, inmitten der „In den fünf Höfen" genannten Feldflur.

i

Helfs Hof geht zurück auf eine Hofanlage des 11. Jahrhunderts. Das bis heute in seiner ursprünglichen Form erhaltene

Vierständerfachwerkhaus des 16. Jahrhunderts wurde Anfang der 1970er-Jahre sorgfältig restauriert. In einem kleinen Heimatmuseum kann man typische Gebrauchsgegenstände des Hoflebens vergangener Zeiten besichtigen. Darüber hinaus gibt es eine interessante Ausstellung zur stadtgeschichtlichen Entwicklung Wattenscheids.

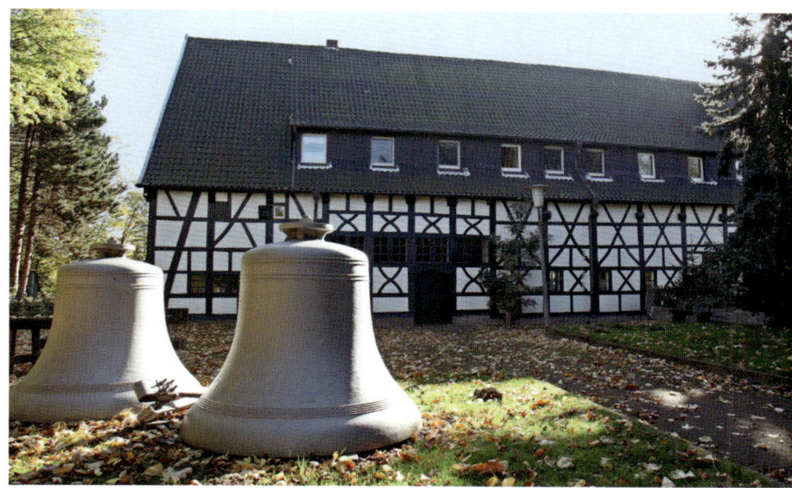

Die alte Hofanlage Helfs Hof mit gusseisernen Glocken von 1880

Kurz hinter Helfs Hof wenden wir uns ganz dem Wanderzeichen „B im Kreis" zu und kommen geradeaus durch die Felder zum Gut Sevinghausen und weiter durch bäuerliche Landschaft schließlich zur Unterführung der Bahnlinie. Kurz darauf müssen wir (schon an der Stadtgrenze zu Essen) die Autobahn unterqueren und gelangen in die Felder von Leithe – wie Westenfeld, Höntrop und Sevinghausen zu Wattenscheid gehörend. Am Gut Schulte Kemna vorbei wird der Weg zur **Kemnastraße**, der wir nach rechts folgen (mit „B im Kreis"). An den Kleingärten und der katholischen Kirche vorbei, durchschreiten wir den kleinen Leither Ortskern und kommen zum großen Sportareal rund um das weithin bekannte **Lohrheidestadion**.

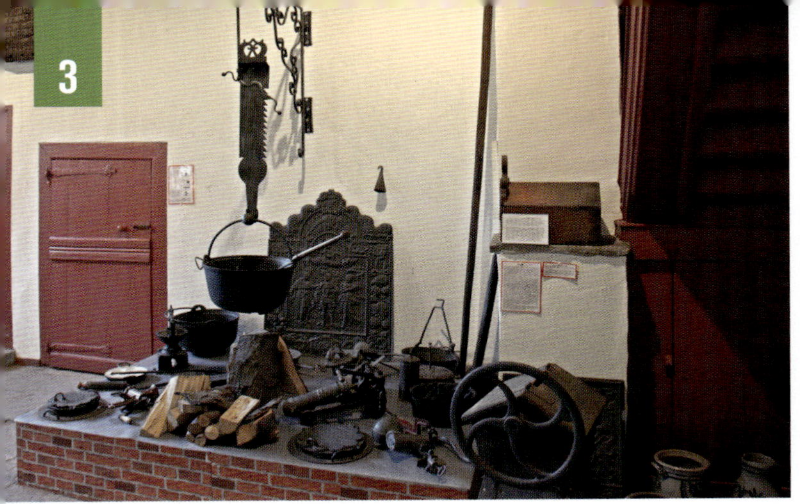

Im Heimatmuseum Helfs Hof

Seit Ende der 1960er-Jahre ist die SG Wattenscheid 09 in dem 1954 erbauten Lohrheidestadion zu Hause. Den „Schwarz-Weißen“ gelang 1990 der Aufstieg in die Erste Fußball-Bundesliga, in der sie sich einige Jahre halten konnten. 1991 und 1993 verpassten sie sogar Bayern München eine Niederlage – Fußballfans bleibt das ewig im Gedächtnis! Extrem erfolgreich sind die Leichtathleten des TV Wattenscheid 01. Schon seit 1983 gibt es hier ein Teilzeitinternat, und seit 1987 ist Wattenscheid Olympiastützpunkt (Bundesleistungszentrum Leichtathletik). So finden im Lohrheidestadion neben dem Fußball auch wichtige Leichtathletikwettkämpfe statt.

Bei einem Abstecher leicht zu erreichen wäre die alles überragende Halde Rheinelbe, die sich gleich hinter den Sportanlagen in Ückendorf schon auf Gelsenkirchener Stadtgebiet aufbaut. 1999 wurde dort der Skulpturengarten angelegt, und mächtige Betonblöcke auf der Haldenspitze bilden die markante „Himmelstreppe“, ein Kunstobjekt des Künstlers Herman Prigann. Die Halde bietet natürlich wunderbare Aussicht über Wattenscheid. Von der **Lohrheidestraße** kommen wir im Anschluss an die Sportanlagen (ohne das Wanderzeichen) durch den Gewerbepark Holland auf dem ehemaligen Gelände der stillgelegten **Zeche Holland**. Dazu rechts der **Erwin-Topp-Straße** nach, an der ersten Wegkreuzung links, dann am Waldstückchen rechts in die **Emil-Weitz-Straße** bis zur **Lyrenstraße**.

i

Das erhaltene Fördergerüst der Zeche Holland symbolisiert heute die vom Steinkohlebergbau geprägte Epoche. Von 1860 bis 1974 wurde das Bergwerk betrieben, so lange wie keine andere Wattenscheider Zeche. Relikte findet man grenzüberschreitend auch in Ückendorf. Die in Wattenscheid verbliebenen Tagesanlagen der Schachtanlagen 3/4/6 sind teilweise aus der Zeit noch vor dem Ersten Weltkrieg (Benzolfabrik, Hochspannungshäuschen); damals begann die zeitgenössische Architektur sachlicher zu werden und sich vom Stil des Historismus zu verabschieden. Von 1920 bis 1931 stammen die rund um einen Hof angeordneten Gebäude in rotem Backstein. 1990 wurde das Brachgelände saniert und bietet seitdem Gewerbebetrieben und Wohnsiedlungen (getrennt durch ein Regenrückhaltebecken) Platz.

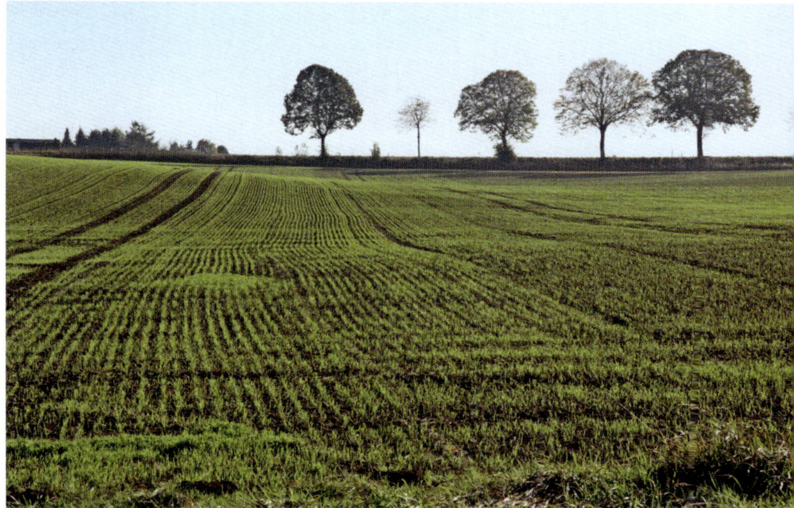

Bäuerliches Land bei Wattenscheid

3

An der **Lyrenstraße** bzw. der **Ückendorfer Straße**, wie sie Richtung Norden heißt, gibt es noch einige schöne Häuser einer typischen Bergarbeitersiedlung. Eine seinerzeit im Ruhrgebiet übliche Hauptstraßenarchitektur waren die drei- bis vierstöckigen Wohnhäuser mit Gärten zur Selbstversorgung im Hinterhof, die wegen ihrer gleichförmigen Reihung im Volksmund „D-Züge" genannt wurden. Von der Lyrenstraße geradeaus in die **Friedrich-Ebert-Straße**, kommen wir rechts mit der **Gertru-**

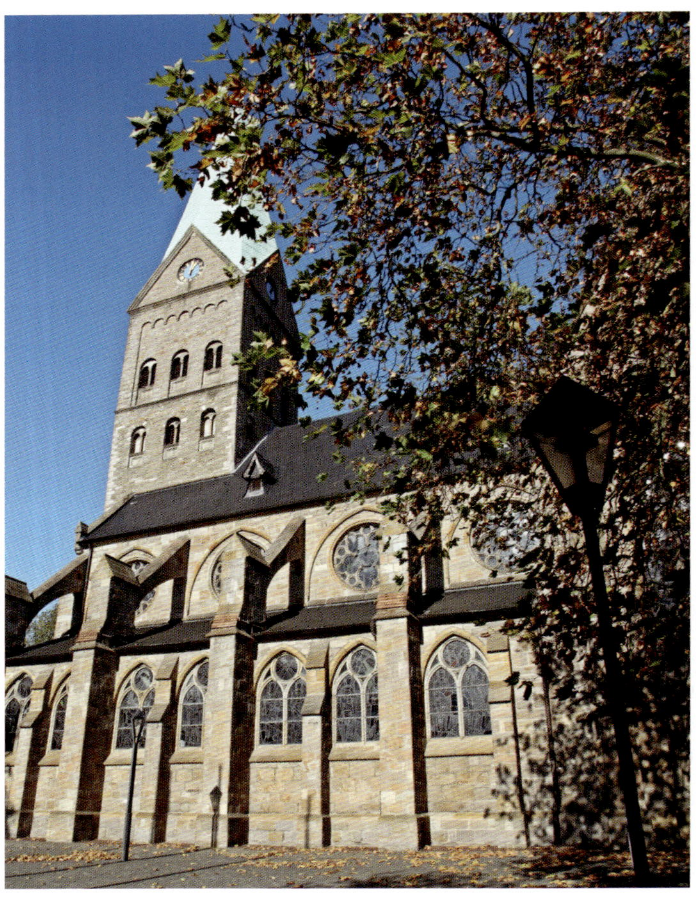

Ein Wahrzeichen: die Gertrudis-Kirche

disstraße gleich hinein ins Zentrum von Wattenscheid. Hier erstreckt sich auch die Fußgängerzone rund um den **Alten Markt**. Etwas oberhalb vom Marktplatz liegt die Gertrudis-Kirche am hübsch gestalteten Kirchplatz. Das neugotische, fünfschiffige Gotteshaus von 1872 ist ein Wahrzeichen Wattenscheids. Unbedingt lohnend anzusehen sind auch das historische Rathaus an der Freiheitstrasse und die nahe evangelische Kirche, die in der Zeit von 1676 bis 1763 errichtet wurde (mit Kanzelaltar und Barockorgel).

Wattenscheid zählt zu den traditionsreichsten Orten des Ruhrgebiets, in dem bis ins 19. Jahrhundert hinein vorwiegend Landwirtschaft und Handwerksbetriebe den Lebensrhythmus bestimmten. Erst mit der Entstehung der großen Zechen änderte sich das. Die prosperierende Industrie brauchte Platz und Arbeitskräfte, die wiederum Wohnraum benötigten. Die Bevölkerungszahl stieg so durch Zuwanderung rapide an, und aus einer beschaulichen Gemeinde erwuchs innerhalb kurzer Zeit eine industriell geprägte Stadt. Seit 1975 ist Wattenscheid jüngster Stadtteil Bochums. Über 550 Jahre Eigenständigkeit gingen damit zu Ende. Bei einer Bürgerbefragung der damals rund 80.000 Einwohner im Oktober 1972 sprachen sich 96,4 Prozent der Wattenscheider gegen die Eingemeindung aus, und auch heute noch würden viele lieber wieder selbständige Stadt sein.

Wir gelangen geradeaus vom **Alten Markt** aus der Fußgängerzone heraus zur **Propst-Hellmich-Promenade**, biegen links ein und nehmen am Ende jenseits der **Bahnhofstraße** geradeaus den Weg durch den kleinen Park. Anschließend links in **Bußmanns Weg**, am Louis-Baare-Berufskolleg vorbei, und am Ende rechts in die **Westenfelder Straße**. Ab hier leitet uns Wanderzeichen „umgedrehtes T“: Hinter dem Friedhof unterqueren wir die A 40 und kurz darauf die Bahnlinie, dann links haltend zurück zum Ausgangspunkt.

Tour 4

Von Höntrop nach Stahlhausen

Wir folgen dem traditionsreichen Pilgerweg von Höntrop aus auf meist grünen Wegen zur Jahrhunderthalle. Sie repräsentiert ein wichtiges Stück Bochumer Geschichte, und mit dem neuen Westpark ist ein attraktives Umfeld entstanden, das den Wandel der Stadt hin zur Kulturstadt demonstriert. Zum Schluss sehen wir uns noch die Siedlung Stahlhausen an.

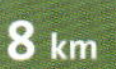

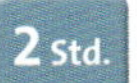

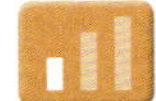
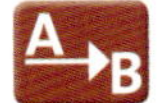

Start:
Höntroper Kirche, Wattenscheider Hellweg/Vincenzstraße, 44869 Bochum

Ziel:
Wattenscheider Straße/Alleestraße

Bus/Bahn:
Hinfahrt: Straßenbahn 310 oder versch. Buslinien bis Haltestelle „Höntrop Kirche"; Rückfahrt: ab Haltestelle „Wattenscheider Straße" mit der Straßenbahn 310

Wegbeschaffenheit:
befestigte Gehwege; kaum Höhenunterschiede; für Kinder geeignet

Wegbeschreibung

An der Höntroper Kirche St. Maria-Magdalena von 1915 schließen wir uns bis zum Westpark der „gelben Muschel" des Jacobs-Pilgerwegs (von Dortmund nach Aachen) an. Zu Beginn dem **Wattenscheider Hellweg** rechts nach, der hier (nicht sichtbar) die Grenze zwischen Höntrop und Westenfeld darstellt.

i

Am Hellweg, dem die Gläubigen auf ihrem Pilgerweg schon von alters her als wichtigem Verbindungsweg von Ost nach West folgten, gab es in Höntrop wohl bereits im 15. Jahrhundert ein Siechen- und Leprosenhaus mit einer Kapelle. Nur gut 20 Minuten Richtung Essen entfernt liegt noch heute die klei-

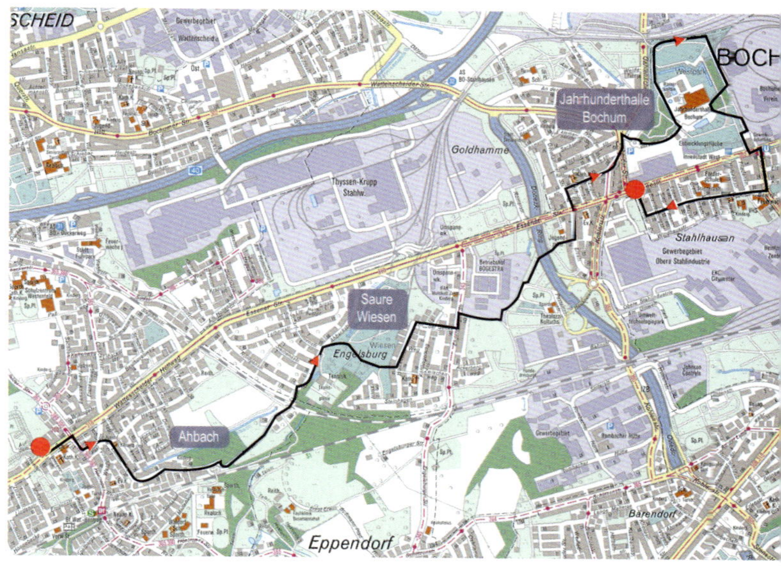

ne Pilgerkapelle St. Bartholomäus, an der einst eine Herberge den Pilgern Unterkunft bot. Höntrop selbst, dessen ursprünglicher Dorfkern an der heutigen Höntroper Straße/Op de Veith liegt, findet man bereits im 9. Jahrhundert in den Registern des Klosters Werden erwähnt. Das Kloster, das Ende des 8. Jahrhunderts begründet wurde, überlieferte wichtige Zeugnisse über das Leben an der Ruhr, denn es entwickelte sich zu einer der bedeutendsten Abteien des Mittelalters und beeinflusste tausend Jahre lang kirchliches wie weltliches Geschehen.

Gleich vom **Hellweg** wieder rechts in die **Höntroper Straße** (mit „Pilgermuschel") und über wenige kurze Straßenabschnitte in die **Emilstraße**, die nach einem Stück Wohnbebauung ins Grüne führt. Am kleinen Ahbach geht's durch die Unterführung der Eisenbahn (Hauptstrecke Bochum – Essen) und im Ortsteil Engelsburg kurz der Straße **Ostfeldmark** entlang. Rechter Hand die Tennisplätze, biegen wir wenig später rechts ein und durchqueren geradewegs den kleinen Park Saure Wiesen. Anschließend durch die Siedlung: zuerst links einbiegen, dann rechts weiter zur **Engelsburger Straße**. Dort kurz links entlang und noch vor dem Bogestra-Betriebshof außen herum dem Weg nach ins Grüne. Die Bogestra wurde bereits 1896 gegründet, und zwar in Berlin, weil damals eine Berliner Firma die Bau- und Betriebskonzession erhielt. Links haltend an den Sportanlagen vorbei; danach bringt uns eine kleine Brücke bequem über den Donezk-Ring, benannt nach Bochums Partnerstadt im Kohlerevier der Ukraine. An den Kleingärten vorbei zur **Erzstraße**. Links weiter, wird bald die große Essener Straße überquert, und geradeaus kommen wir in die **Goldhammer Straße**. Noch einmal rechts abbiegen, dann ist bald das Gelände des **Westparks** erreicht, am dem wir den „Pilgerweg" verlassen und im Bereich Innenstadt-West angekommen sind. Mit dem 1999 eröffneten, 38 Hektar großen Westpark auf dem Gelände des ehemaligen Stahlwerks „Bochumer Verein" verstand es die Stadt Bochum, aus einer riesigen innerstädtischen Industriebrache einen für die Bewohner wieder erlebbaren kulturellen Ort zu machen.

i Dabei wurde die Vergangenheit von 150 Jahren Eisen- und Stahlproduktion nicht verdrängt, sondern bei der Gestaltung ausgenutzt. Nicht zuletzt stößt man immer wieder auf Relik-

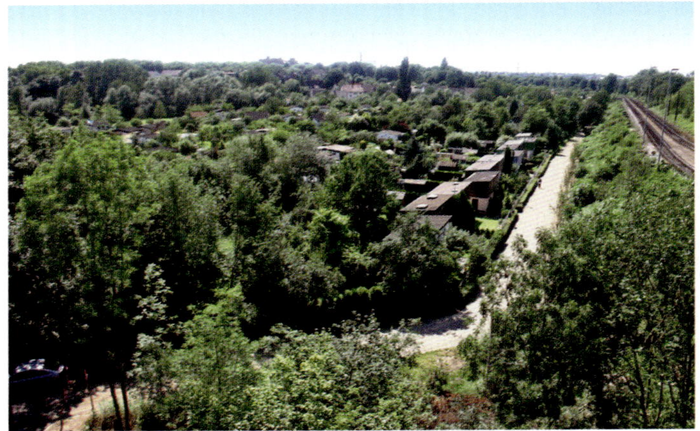

Ausblick vom Westpark

te dieser Ära. Im Mittelpunkt die Jahrhunderthalle: Für die Weltausstellung 1902 entworfen und später in Bochum eingesetzt, wurde sie bis 1968 als Gebläsehalle (Kraftzentrale für die Hochöfen) genutzt. Nach der Stilllegung des Stahlwerks stellte man die „Kathedrale der Industriekultur" 1991 unter Denkmalschutz, 1993 wurde sie saniert. Heute ist sie außergewöhnlicher Rahmen für Kulturveranstaltungen von Bedeutung. 2002 ergänzte man die Halle u. a. um einen gläsernern Anbau für das Foyer und die Künstlergarderoben.

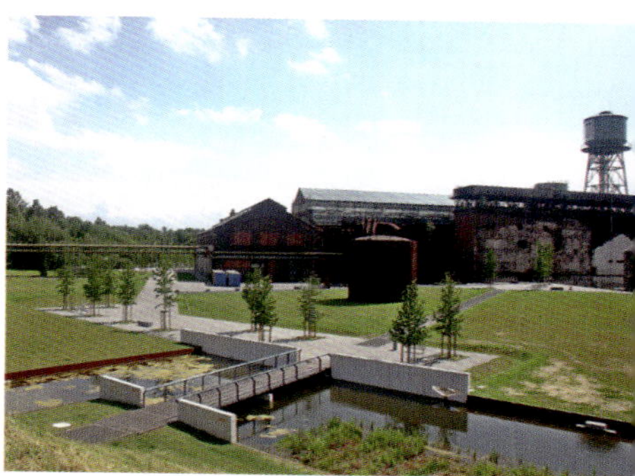

Westpark mit Jahrhunderthalle

Wir spazieren durch den Park hinüber zur **Jahrhunderthalle**, halten uns dort links, kommen vorbei an den Wasserwelten und erkunden sicher auch noch die **Erzbahnschwinge**, wie die elegante Brücke an der einstigen Erzbahntrasse genannt wird. 2003 erbaut, ersetzt die s-förmige Stahlseilbrücke für Fußgänger und Radfahrer eine frühere Eisenbahnbrücke. Die Erzbahn war einmal die direkte Verbindung zwischen dem Bochumer Verein und dem Gelsenkirchener Grimberg-Hafen am Rhein-Herne-Kanal. 2001 begann man damit, die in Dammlage verlaufende Trasse zu einem attraktiven Panoramaweg umzubauen. Zum Schluss am alten Werksgelände vorbei kommen wir aus dem Westpark heraus zur **Alleestraße**.

i

Der Bochumer Verein wurde 1854 von Jacob Mayer gegründet. Ihm gelang die bedeutende Entwicklung der Stahlformgusstechnik. 1855 entstand so die erste Kirchenglocke aus Gussstahl. Bald wurde der Bochumer Verein nach Krupp der zweitgrößte Stahlkonzern des Deutschen Reiches und in der Nazi-Zeit einer der wichtigsten Rüstungsbetriebe. 1964 zählte man mit 24.290 Mitarbeitern den höchsten Stand überhaupt. 1965 fusionierte der Bochumer Verein mit der (mehrheitlich von Krupp gehaltenen) „Hütten und Bergwerke Rheinhausen AG" zur „Friedrich Krupp Hüttenwerke AG, Gussstahlwerk, Bochumer Verein" (später Krupp-Stahl AG, Bochum) mit Firmensitz und Hauptverwaltung in Bochum. Bereits 1968 musste der Bochumer Verein die fünf Hochöfen stilllegen, und durch Rationalisierung und schlechte Wirtschaftslage gingen sehr viele Arbeitsplätze verloren. Heute entstehen in der Radreifen-Schmiede die Räder für die ICE-Züge.

Am Ausgang Süd an der **Alleestraße** liegt einer der Spielbereiche des Westparks: Hier begeistert der „Stahlwerksdrache" Groß und Klein. Am „Jahrhunderthaus" vorbei, dem 2005 eröffneten Sitz der IG Metall Bochum, gegenüber in die **Bessemerstraße** (Henry Bessemer, ein britischer Ingenieur, erfand im 19. Jahrhundert das erste Verfahren, Stahl bezahlbar in Massenproduktion herzustellen). Leicht bergab kommen wir zum **Baareplatz** mit dem halbkreisförmigen, 100 m breiten Haus, in dem die Feuerwache II und die Rettungsschule untergebracht sind, und rechts der **Baarestraße** nach, schauen wir uns die **Siedlung Stahlhausen** an.

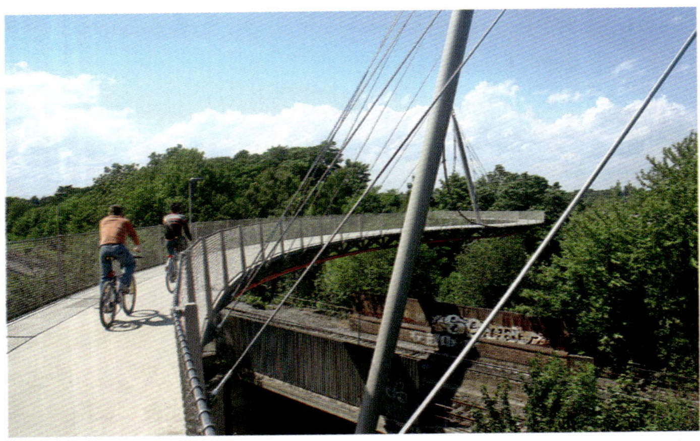

Auf der Erzbahnschwinge

i

Die Arbeitersiedlung Stahlhausen entstand in den 1860er-Jahren jenseits der Alleestraße für die Arbeiter des Bochumer Vereins und erstreckte sich über mehrere Straßenzüge rechts und links der Baarestraße; diese ist benannt nach Louis Baare, der 1854 Generaldirektor des Bochumer Vereins wurde, außerdem Präsident der Industrie- und Handelskammer war und u. a. als Stadtverordneter in Bochum politisch wirkte.

Am Ende der **Baarestraße** fällt der Blick auf das Thyssen-Krupp-Hochhaus, Sitz der früheren Krupp-Verwaltung (Alleestraße/Kohlenstraße). Es wurde 1963 als Hauptverwaltung des Bochumer Vereins fertiggestellt. Zum Schluss rechts zurück zur **Alleestraße**. Wer mit der Straßenbahn 310 zurück nach Höntrop fährt, passiert die heutigen Betriebsgebäude von Thyssen-Krupp, und obwohl nur noch ein Teil des früheren Geländes genutzt wird, ist es immer noch riesengroß. Wer zu Fuß zurück möchte: Auf der **Alleestraße** ein Stück weiter geradeaus in die **Essener Straße**, links in die **Erzstraße** und dort der Route des Hinwegs folgen (mit „Pilgermuschel“, noch einmal eine gute Stunde).

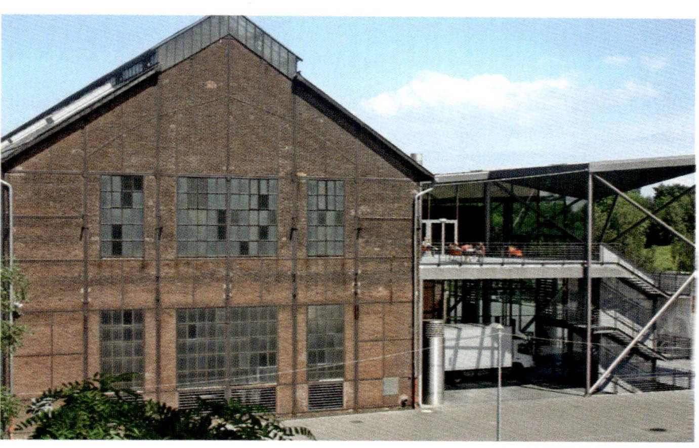

Die Jahrhunderthalle

Tour 5

Grummer Teiche und Tippelsberg

Grummer Teiche, Grummer Dom und Tippelsberg – das sind die Stichworte dieser Runde. Im einst ländlich geprägten Grumme, dessen Ortsbild lange Zeit die Zeche Constantin dominierte, steigen wir vom Tal mit den idyllischen Teichen und der nahen Liboriuskirche hinauf auf den fantastischen Aussichtspunkt des Tippelsbergs.

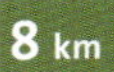

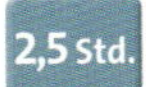

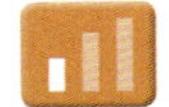

Start u. Ziel:
Bergstraße, Nähe Prattwinkel, 44807 Bochum

Bus/Bahn:
mehrere Buslinien (353, 354, 360 u. a.) bis Haltestelle „Vierhausstraße"

Wegbeschaffenheit:
befestigte Fuß- und Gehwege; ein kurzer, deutlicher Anstieg; für Kinder geeignet

Wegbeschreibung

An der **Bergstraße**, einer früher wichtigen Verbindung zwischen Bochum und Herne, schließen wir uns dem Wanderzeichen „liegendes Rechteck" an, um im sogenannten Grünzug Nord die Grummer Teiche zu erkunden. Schon im 18. Jahrhundert gab es hier einen Mühlen- und Löschteich. Die heutige „Grummer Seenplatte" mit acht Teichen entstand zwischen 1950 und 1970 und wird vom Grummer Bach gespeist, der von Ost nach West durch das Tal fließt.

i Bis 1961 noch lag an der Bergstraße eine 400 Jahre alte Mühle mit einer Schmiede, und direkt am größten und ältesten Teich – dem Kaiseraueteich – befand sich von 1901 bis 1974

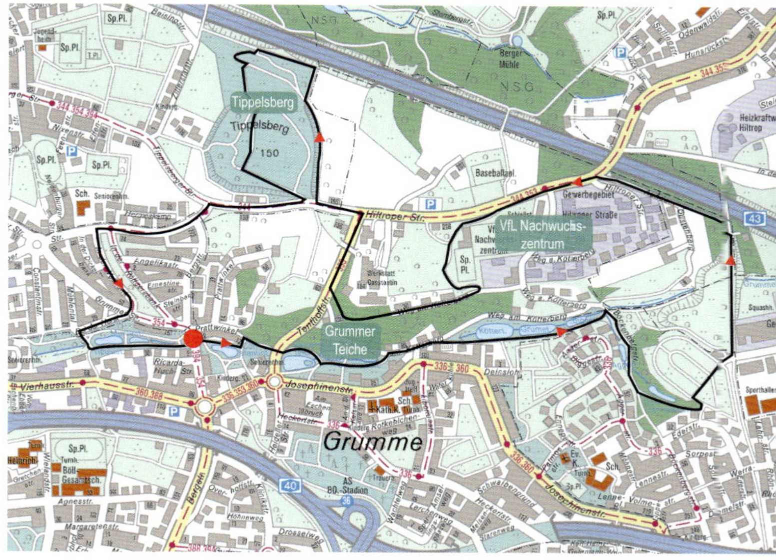

ein feudales Gartenrestaurant des Gutsbesitzers Helfs, die „Kaiseraue". In der Parkanlage stand ein Denkmal für Kaiser Karl den Großen – daher der Name. Die „Kaiseraue" war ein malerischer Renaissance-Bau mit Aussichtsturm und Jugendstilsaal, besaß Tennisplätze, einen Musikpavillon und einen Ruderteich. In den 1960er- und 1970er-Jahren ging es dann immer mehr bergab, bis das Haus abgerissen werden musste.

Über beschauliche Parkwege leitet uns das Wanderzeichen durch die Parkanlage. Am Constantinteich vorbei, kreuzt einmal die Tenthoffstraße den Weg, dann kommen wir zum Kaiseraueteich und gleich anschließend zum Grumbeckteich. Beim Weiterweg sieht man rechts oberhalb die nahe katholische St.-Liborius-Kirche, die auch Grummer Dom genannt wird. Mit dem ungenehmigten Bau der Liboriuskirche 1891 – finanziert von der Gemeinde und den größeren Höfen – erzwang man damals die Erhebung zur Kirchengemeinde. Zuvor mussten die Gläubigen aus Grumme noch die Propsteikirche in Bochum besuchen. Ein Abstecher zum

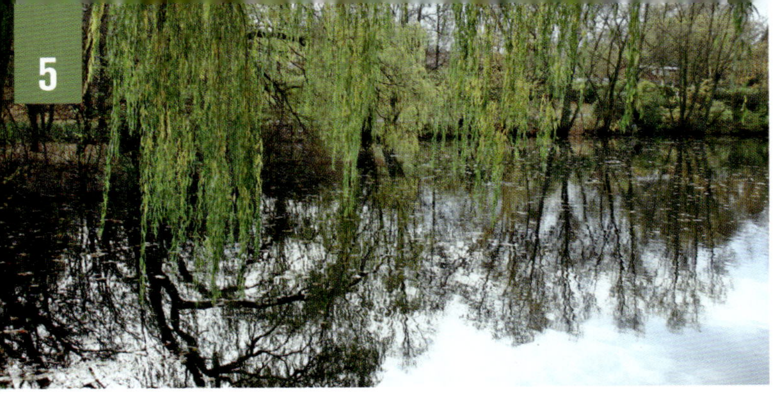

Idyllische Grummer Teiche

Grummer Dom lohnt auch deshalb, weil dort das traditionsreiche **Gasthaus „Goeke“** (Josephinenstraße 65) steht. In einem schönen Fachwerkhaus von 1784 mit rotem Ziegelwerk befindet sich seit 1886 eine Gaststätte, die 1896 von der Familie Goeke übernommen wurde, und bei einer gemütlichen Einkehr im Biergarten blickt man direkt hinüber zur Kirche. Nach einem sehr kurzen Straßenabschnitt geht es gleich wieder auf Parkwegen an den nächsten stillen Teichen entlang (Kötter-, Grume- und Biggeteich). Dann treffen wir auf die kleine **Böckenbergstraße** und biegen rechts ein. Wo das Wanderzeichen nach links wegzieht,

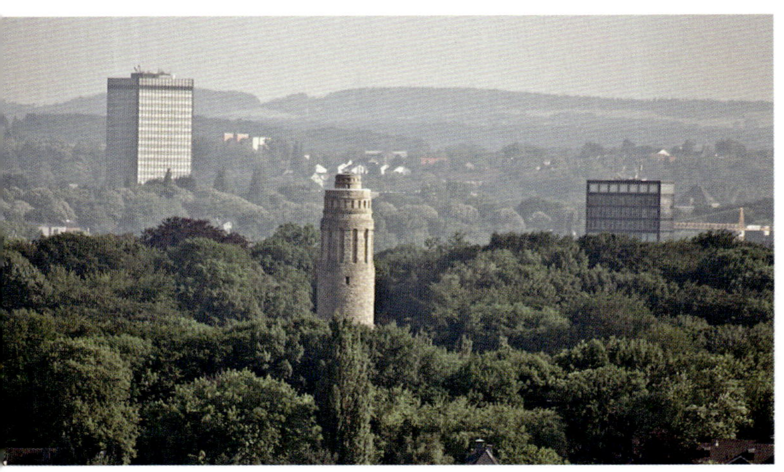

Blick vom Tippelsberg auf Bochum

wollen wir geradeaus am Rand des Wäldchens weiter, vorbei am Aggerteich und links durch den Wald zum Rottmannsteich.

i

Die nahen Siedlungen hier im östlichen Teil Grummes entstanden bis in die 1960er-Jahre hinein, wo vorher nur Weiden und Brachen waren. Früher einmal war die Landschaft bäuerlich geprägt; die großen Höfe bestimmten lange das Erscheinungsbild der Bauernschaft Grumme und finden sich auch heute noch in Straßennamen wieder: u. a. Dördelmann, Höhne, Vierhaus, Blomberg, Tenthoff und Rehlinghaus. 1904 wurde Grumme eingemeindet: ein weiterer Baustein Bochums auf dem Weg zur Großstadt.

Am Rottmannsteich vorbei aus dem Wald, biegen wir zweimal links und dann rechts ein, um so geradewegs die Kleingartenanlage zu durchqueren. Direkt dahinter stoßen wir auf eine frühere Zechenbahntrasse, die nun Rad- und Fußweg ist, und folgen ihr nach links. So kommen wir vor den Damm der Autobahn 43, und von der Trasse links herab weiter zur **Hiltroper Straße**. Dieser links folgen, bis wieder links ein Fußweg zu den Sportanlagen abzweigt, dem wir bergab nachgehen. Die Sportplätze

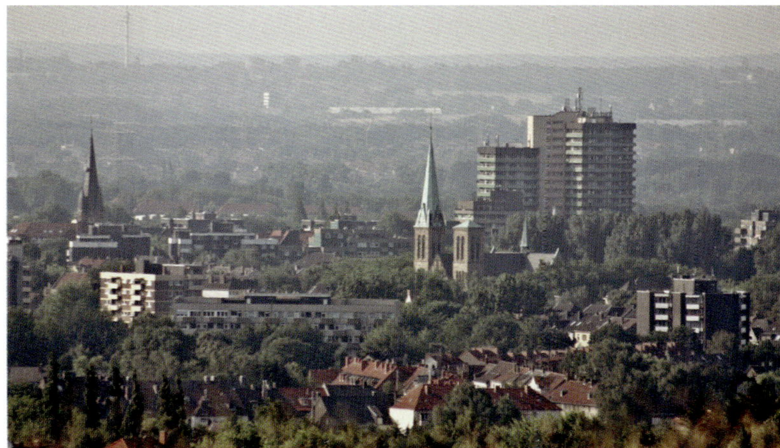

Schöne Aussicht über Herne

wurden übrigens zum Deutschen Turn- und Sportfest von 1990 angelegt, das damals in Bochum und Dortmund ausgerichtet wurde – hier musste wegen der Altlasten im Boden auf einer 6 m dick aufgeschütteten Erdschicht gebaut werden. Der Fußweg endet am **Weg am Kötterberg**, einem kleineren Abzweig der eigentlichen Straße. Wir biegen rechts ein und wandern oberhalb der Teiche zur **Tenthoffstraße**. Hier rechts hinauf zur **Hiltroper Straße**; dabei können wir jetzt Wanderzeichen „B im Kreis“ folgen und unterqueren eine sehenswerte kleine Brücke, die noch von der alten Zechenwerksbahn zurückgeblieben ist.

i Im Umkreis der Straßen Tenthoff-, Hiltroper- und Weg am Kötterberg prägte jahrzehntelang die Zeche Constantin mit den Schächten VI/VII das Ortsbild. 1901 bis 1905 errichtet, wuchs das Bergwerk bis 1962 zur Großschachtanlage mit elf Schächten an. Hinunter zu Schacht II an der Herner Straße führte eine Seilbahn, und eine Werksbahn leitete hinüber nach Herne. 1967 wurde Zeche Constantin stillgelegt.

Die **Hiltroper Straße** überqueren, kurz ein Stück links entlang, dann führt uns das Wanderzeichen nach rechts zum Fuß des Tippelsbergs und vorbei an Feldern und Wiesen. Der Weg zieht hinab Richtung Autobahn 43, aber man hört erstaunlich wenig,

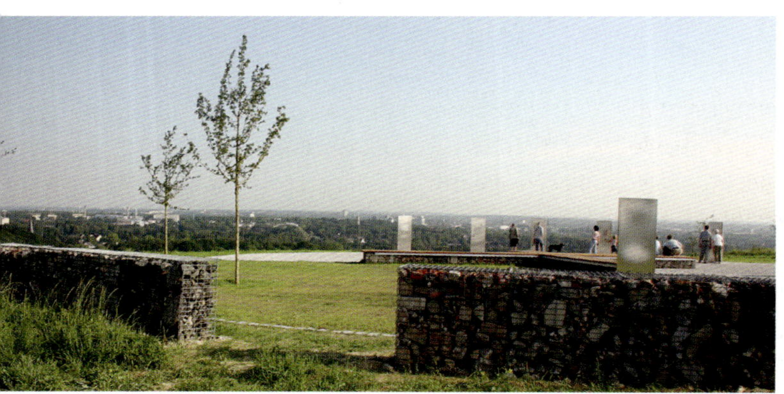

Auf dem Plateau des Tippelsbergs

und sehen kann man sie auch nicht. Um nun den **Tippelsberg** nicht nur zu umrunden, sondern ihn auch zu besteigen, nehmen wir (ohne „B im Kreis“) den nächsten Abzweig, der uns erst näher heran und dann geradewegs hinauf bringt. Hier ist alles sehr schön grün geworden, und nichts erinnert unangenehm an seine frühere Funktion als Bodendeponie. Im Gegenteil, er ist zum bevorzugten Ausflugsziel für Spaziergänger und zur Aussichtsloge der Spitzenklasse geworden. Begehrt war er z. B. auch während der RUHR.2010 bei der Aktion „SchachtZeichen“, als viele ehemalige Standorte von Schachtanlagen auch in Bochum durch große, gelbe Ballons markiert waren.

i

Der Tippelsberg ist immer ein beliebter Treffpunkt in der Silvesternacht, wenn man das Feuerwerk über halb Bochum und Herne bestaunen kann. Die grüne Erhebung geht nicht wie so häufig auf eine Abraumhalde der Zechen zurück, vielmehr war der Tippelsberg als Ausläufer des Ardeygebirges schon vor seiner Nutzung als Bodenbauschuttdeponie ein kleiner Berg. 1983 begann man hier, den Aushub abzukippen, der beim Bau der U-Bahn anfiel. So gewann der Tippelsberg in 20 Jahren 20 m an Höhe und erhebt sich heute 40 m über Straßenniveau. Nach mehreren Jahren Umgestaltungsarbeiten des Umweltservices Bochum kann man von seinem Gipfelplateau die herrliche Aussicht genießen, und sie wird sogar durch Stelen erklärt! Für Kinder gibt es einen eigenen Erlebnisweg.

Jetzt erfolgt der Abstieg vom Tippelsberg wieder hinab zur **Hiltroper Straße**, der wir rechts nachgehen. Abwärts kommen wir zum Sträßchen In der **Vossbank**, das uns zur **Grummer Straße** führt. Hier sind wir bereits wieder am Rand der Teiche angekommen. Nun dem Sträßchen **Bei der Horst** nach, biegen wir von dort links in den Parkweg ab und spazieren zum Schluss (südlich) am Tipulus- und am Mühlenteich vorbei zurück zur **Bergstraße**. Auch noch interessant: An dieser Straße startete 1912 die erste Straßenbahnverbindung nach Bochum.

Tour 6

Von Gerthe nach Harpen

In Gerthe wandern wir durch die Felder zur ehemaligen Zeche Lothringen mit den wunderschön sanierten Gebäuden, nehmen dort den Fußweg über die stillgelegte Zechenbahn, schauen uns in Harpen am Rosenberg eine typische Siedlung der 1960er-Jahre an und kommen zum Schluss zur mehr als 1000-jährigen Vinzentiuskirche.

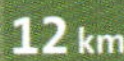

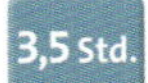

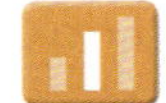
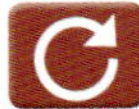

Start u. Ziel:
Parkplatz Berghofer Holz, Harpener Hellweg, 44805 Bochum

Bus/Bahn:
Bus 336 bis Haltestelle „Brüning“

Wegbeschaffenheit:
teilweise unbefestigte Wald- und Feldwege, befestigte Wege und Gehwege; häufige kleine Anstiege; für Kinder geeignet

Wegbeschreibung

Vom **Parkplatz** direkt am Wald mit Wanderzeichen „B im Kreis“ geradeaus ins Naturschutzgebiet Berghofer Holz. Über Waldwege nun durch den kleinen Laubwald, vorbei am Teich. Kurz hinter dem Waldrand endet das Naturschutzgebiet. Weiter durch ein Feuchtgebiet und die Felder, zieht unsere Markierung bald nach links zu zwei Häusern und von dort nach rechts auf den **Reiterhof Gut Heckhuesen** zu. Einst hieß es Gut Oberhöffken, gehörte einem der großen Bauern im lange landwirtschaftlich geprägten Gerthe und war schon in mittelalterlichen Steuerverzeichnissen zu finden. Dabei reichten die Güter des Hofs bis an die Grenze zu Dortmund. Am Reiterhof (ohne das Wanderzeichen) geradeaus zum Fuß der kleinen Halde Lothringen und mit dem Weg nach rechts. Am Ende links durch die Unterführung und die Grünanlage am kleinen Gerther Mühlenbach, dann treffen wir auf die **Fischerstraße**. Hier links durch die Arbeitersiedlung, hinter deren Dächern der 44 m hohe, markante Turm der evangelischen Christus-Kirche (von 1910) in Gerthe heraussticht.

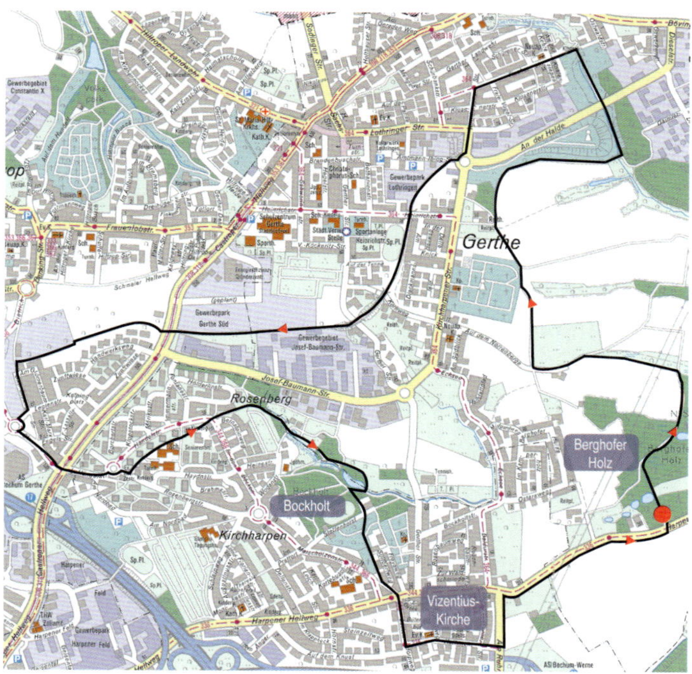

Gerthe war um diese Zeit stark durch die Zeche Lothringen geprägt mit der Folge einer schnell wachsenden Industrie- und Wohnbesiedlung, und auch die große Zahl der Arbeitsimmigranten veränderte das Bild der Ortschaft. Wie Werne oder Langendreer verlor Gerthe ebenfalls bei der kommunalen Neuordnung in den 1920er-Jahren seine Selbständigkeit.

Anschließend links mit der **Kirchharpener Straße** zum Kreisverkehr. Direkt davor fällt der haldenartige begrünte Hügel mit den drei hohen Gittertürmen – in Erinnerung an die Zeiten des

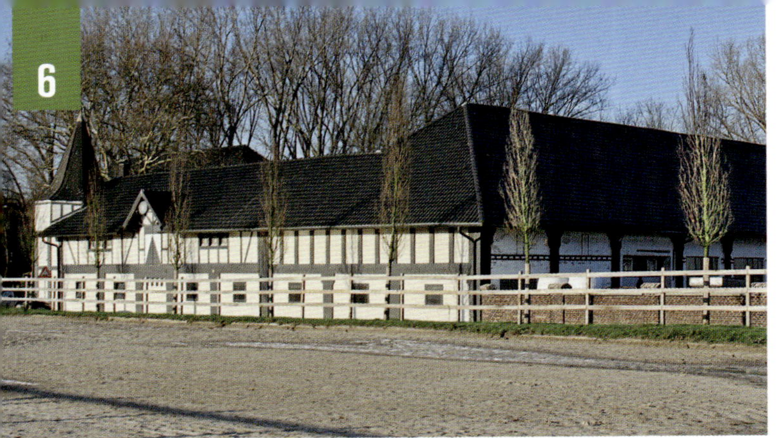

Reiterhof Gut Heckhuesen

Bergbaus – ins Auge. Dabei ist dies keine eigentliche Abraumhalde, denn hier wurde der abgetragene, hochbelastete Boden der ehemaligen Zeche Lothringen deponiert. Jetzt rechts in die **Amtmann-Ibing-Straße**, an der wir rechter Hand noch einige Gebäude der 1967 stillgelegten Zeche finden können, die vorbildlich saniert ein Schmuckstück für Gerthe wurden.

i 2012 jährte es sich zum 100. Mal, dass der verheerenden Schlagwetterexplosion im August 1912 gedacht wurde, bei der 114 Bergleute zu Tode kamen. Angefangen mit der Abteufung des ersten Schachts hatte man 1872 auf der zentralen Schachtanlage Lothringen I/II, und über die Jahre entwickelte sie sich zu einer der größten Zechen Bochums. Die Fördertürme von Lothringen I/II wurden 1981 abgerissen, zu einer Zeit, als man die Relikte des Bergbaus noch wenig zu schätzen wusste. So musste die alte Seilscheibe, die später auf dem Gerther Markt aufgestellt wurde, von einer Castroper Zeche besorgt werden. Heute ist man froh, dass man an der Lothringer Straße neben dem Verwaltungsgebäude auch das 1907 erbaute Fördermaschinenhaus erhalten und sanieren konnte, in dem u. a. der Bochumer Kulturrat ansässig ist.

An der **Amtmann-Ibing-Straße** startet der neu angelegte Wander- und Radweg über die alte Zechenbahntrasse, deren

Markierung LOT wir uns anschließen. Bald unterqueren wir so die Heinrichstraße, an der sich (ein ganzes Stück weiter rechts) das stilvolle, 1910 in Gründerzeitarchitektur erbaute Amtshaus von Gerthe befindet. Linker Hand die Bergarbeitersiedlung (Am Knick/In der Delle), die Anfang der 1950er-Jahre mit Mitteln des Marshallplans (amerikanische Wiederaufbauhilfe) errichtet wurde. Dann leitet der Trassenweg vorbei am Gewerbegebiet Josef-Baumann-Straße zum **Castroper Hellweg** und über ihn hinweg. Beim Blick nach rechts ragt über die Felder die Hiltroper Kirche heraus. Die Markierung führt uns von der Trasse nach links weg in eine Straße, dann rechts zum Kreisverkehr an der **Dietrich-Benking-Straße**; dort (ohne Wanderzeichen) links weiter, dann über den **Castroper Hellweg** hinweg direkt in die **Händelstraße** und zum Kreisverkehr an der **Siedlung Rosenberg**.

i

Sie entstand ab 1967 als typisches „Großwohngebiet“ der 1960er-Jahre mit aufgelockerter, unterschiedlich hoher Bebauung bei relativ großen begrünten Freiflächen für rund 5.600 Einwohner. In der Rosenbergsiedlung, die bis 1972 komplettiert wurde, fallen besonders die freistehenden Hochhäuser an der Händelstraße auf.

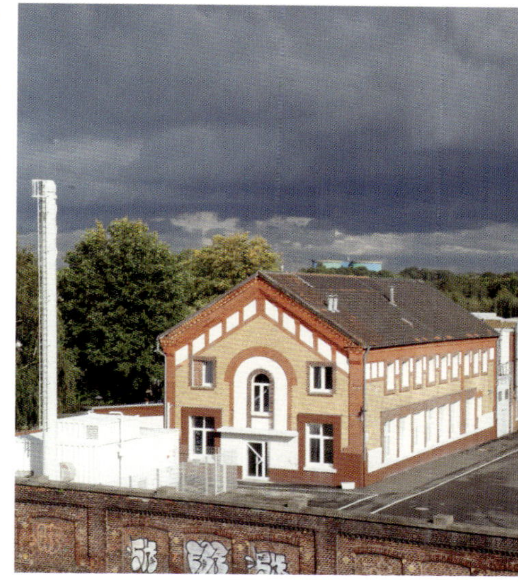

Schön restauriert: Zeche Lothringen

Von der **Rosenbergstraße** gleich links in den Fußweg, der vorbei an den markant aufgereihten Hochhäusern weiter geradeaus zur Straße führt. Gegenüber in den Parkweg links vom Bernsteinweg, der im Rechtsbogen aus der Siedlung heraus

6

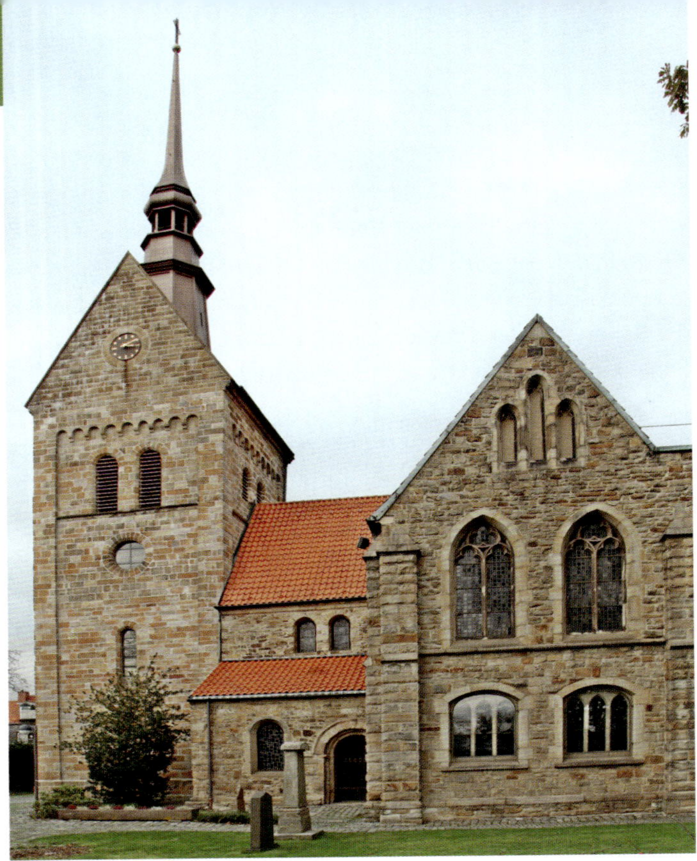

Die Vinzentius-Kirche in Harpen

in die Grünanlage am Kirchharpener Bach zieht. Weiter geradeaus, kommen wir zum Wäldchen **Bockholt**, das Überbleibsel eines einmal viel größeren Gemeinschaftswaldes der Harpener Bauern ist und durch das **Maiabendfest** bekannt wurde.

i Sicher ist es das bedeutendste und älteste Volks- und Heimatfest Bochums. Traditionell führt der Umzug der Maischützen mit den „Junggesellen" und vielen anderen Vereinen immer am 30. April vormittags vom Bochumer Rathaus ins Harpener Bockholt, um ein Bäumchen „auszugraben", und abends wird dann in Harpen und Bochum gefeiert. Das Ganze soll zurückgehen auf die „Große Dortmunder Fehde" (1388/89), als Graf

Engelbert III. von der Mark die Stadt Dortmund belagerte. Dabei wurde der Legende nach dem Grafen Vieh gestohlen, das Bochumer Junggesellen zurückerobern konnten. Zum Dank verlieh er ihnen das Recht, im Bockholt einmal im Jahr einen Baum zu fällen und mit dem Erlös ihr Maiabendfest zu feiern. Der Graf-Engelbert-Brunnen am Ende der Kortumstraße erzählt diese Begebenheit nach.

Am Bockholt überqueren wir am Ende des Teichs den Bach. Kurz rechts und sofort an der Wegekreuzung gleich wieder links durch den Wald, rechter Hand ist ein Sportplatz auszumachen. Geradeaus in den Park und am Ende des Wegs links zum **Harpener Hellweg** im Zentrum von Kirchharpen. Gegenüber in den **Lütgendorpweg**, an dessen Ende eine Fußgängerbrücke über die A40 hinweg zum Ruhrpark-Einkaufszentrum führt. Es war bei seiner Eröffnung Ende 1964 das größte seiner Art in Europa und erst das zweite in Deutschland überhaupt. Ein kurzer Abstecher zur Brücke lohnt sich, denn es ist doch ein ungewöhnlich kontrastreicher Blick auf das Shoppingparadies mitten im Grünen. Ansonsten biegen wir schon zuvor links in die **Kattenstraße** ein, um die uralte **Vinzentius-Kirche** anzusehen.

Sie ist so alt wie die Stiepeler Dorfkirche (von 1008) und ganz ähnlich im Baustil. Im Gegensatz zu Stiepel blieb sogar die alte Bausubstanz erhalten. Bei Ausgrabungen entdeckte man u. a. Teile des ältesten je in Bochum gefundenen Grabsteins. Während der Reformation wurde Bochum überwiegend evangelisch; so reformierte man 1567 sowohl Sankt Vinzentius als auch die Stiepeler Dorfkirche. Das Harpener Gotteshaus mit kostbarer Altarplatte (um 1000), Taufstein (1050) u. a. ist nur nach Voranmeldung zu besichtigen.

Anschließend der **Kattenstraße** nach bis zu ihrem Ende, dann links haltend hinüber zum **Harpener Hellweg**, dort rechts der bald ländlichen Straße entlang und zurück zum Ausgangspunkt.

Von Langendreer nach Werne

Langendreer und Werne waren lange Zeit verbunden, wurden beide stark vom Bergbau geprägt, der die Entwicklung der Orte vorantrieb. Doch man findet auch alte Kirchen oder stattliche Amtshäuser, klassische Parks und neue Erholungsoasen auf dem Weg vom Langendreer Markt zum Werner Amt.

12 km 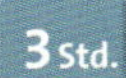

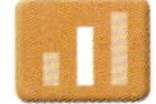 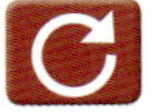 

Start u. Ziel:
Marktplatz in Langendreer,
Hauptstraße/Oberstraße,
44892 Bochum

Bus/Bahn:
versch. Buslinien bis Haltestelle „Langendreer Markt“

Wegbeschaffenheit:
befestigte Geh- und Parkwege sowie Straßen; kaum Höhenunterschiede; für Kinder geeignet

Wegbeschreibung

Los geht's im historischen Zentrum von Langendreer, dem einstigen alten Dorf. Seit 1883 gibt es hier den Platz am Denkmal, wo die Germania vom hohen Sockel in die Ferne schaute. Längst ist sie im Stadtarchiv und das verwaiste Unterteil in einer Ecke des Mitte der 1980er-Jahre neu gestalteten Marktplatzes. Gegenüber folgen wir der **Alten Bahnhofstraße**, die (früher als Kaiserstraße) in einem großen Bogen vom Dorf hinüber zum Gründerzeitviertel (Alter) Bahnhof führte. Geschäfte in sehenswerten Häusern siedelten sich entlang der Straße an, von denen manches erhalten ist.

i Im letzten Drittel des 19. Jahrhunderts sah sich das alte Kirchdorf der Gemeinde Langendreer (zu der auch Werne [bis 1886], Somborn, Düren und Stockum gehörten) auf ihrem äußeren Gemeindegrund umgeben von großen Zechen und neuen Siedlungen. 1860 war der für den Kohletransport so wichtige Anschluss an die Eisenbahn erfolgt, und am abseits gelegenen ersten Bahnhof (nachher Alter Bahnhof genannt) entwickelte sich ein städtebaulich geprägtes modernes Viertel. Später entstand in Langendreer einer der größten Verschiebe- und Containerbahnhöfe Deutschlands, und mit dem Niedergang des Bergbaus ließ sich in den 1960er-Jahren, wo zuvor die Zeche Bruchstraße war, das Opel-Werk II nieder.

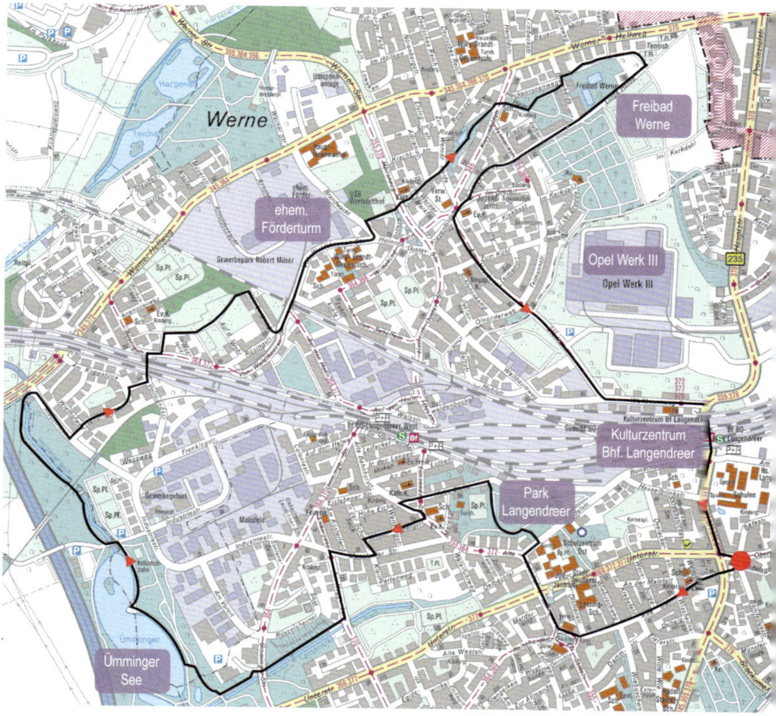

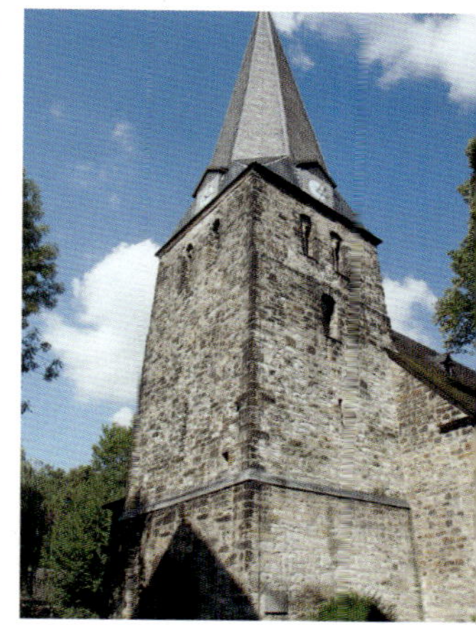

Evangelische Christuskirche in Langendreer

Zu Beginn sehen wir die evangelische Christuskirche. Sie wurde nach dem Krieg 1956 rekonstruiert; erhalten blieb der historische Turm, der wohl noch älter ist als die alte Dorfkirche (12. Jh.). Überreste einer Krypta und Fundamente früherer Bauten fand man 1980 bei Ausgrabungen im Kircheninneren. Weiter der Einkaufsstraße nach bis zum **Carl-von-Ossietzky-Platz** am Kreisverkehr. Im Zentrum steht hier seit 1979/80 die „Atmende Säule", Werk eines Schweizer Künstlers.

i

Am früheren Kaiser- bzw. Amtsplatz wollte man zeigen, dass Langendreer das Zeug zur selbständigen Stadt hatte. Die Ortsteile Dorf und Bahnhof sollten zusammenwachsen mit dem Zentrum am Kaiserplatz. 1900 wurde nach Plänen von Karl Maiweg aus Langendreer das Amt errichtet, das heute die Bezirksvertretung Ost beherbergt. Gegenüber das ehemalige Amtsgericht von 1909 mit dem Balkon im markant gestalteten Mittelteil, der seinerzeit gern für Ansprachen der Gemeindevertretung genutzt wurde. Im Hinterhof befand sich damals ein Trakt mit Arrestzellen. Wichtig war auch die Filiale der Reichsbank (heute Privathaus). Und im Mittelpunkt vom Kaiserplatz hielt man den Wochenmarkt ab. Doch noch 1920 waren Dorf, Amtshaus und Bahnhof voneinander isoliert, und statt wie erhofft zur Stadt erhoben zu werden, wurde Langendreer 1929 nach Bochum (Teile nach Witten) eingemeindet.

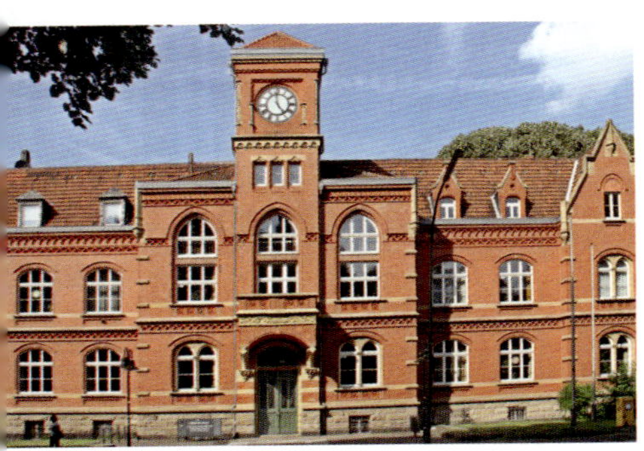

Das alte Amt am Carl-von-Ossietzky-Platz

Die **Alte Bahnhofstraße** schlägt am Amt vorbei einen Bogen nach rechts zur **Unterstraße**. Dort findet man am Kriegsopferdenkmal von 1929 einen Soldaten, der lange Jahre „kopflos" war, nachdem Unbekannte ihn 1987 gestohlen hatten.

Immer schon hatte er auch unter den Abiturfeiern der nahen Lessing-Schule (rechter Hand, Ottilienstraße) zu leiden. Die 1909 zum Gymnasium erklärte spätere Hindenburgschule wurde im Krieg zerstört und 1948 in Lessing-Schule umbenannt. 1960 war der Altbau, 1980 der Neubau mit angegliederter Stadtbücherei fertig.

Wir überqueren die **Unterstraße** und nehmen kurz darauf rechts die **Dördelstraße**. Gleich führt links ein Fußweg in den Park. Zu Beginn links, halten wir uns an der Gabelung rechts und durchqueren die Anlage hinüber zur Straße **Hohe Eiche**. Links entlang kommen wir am **Kreuzungsplatz**, dem sogenannten „Stern", zurück zur **Alten Bahnhofstraße**. Das „Café am Stern - Cheese" ist übrigens bekannt für seine leckeren selbstgebackenen Kuchen. Wir biegen wiederum links ein und haben jetzt das damalige Gründerzeitviertel Bahnhof erreicht (rechts durch die Einkaufszone käme man zum nahen S-Bahn-Halt Langendreer-West, und ungefähr dort war damals auch der alte Bahnhof). Gegenüber der neugotischen Luther-Kirche (von 1905, mit 70 m hohem Turm - sie wird wegen zu geringer Mitgliederzahlen inzwischen nicht mehr als Gotteshaus genutzt) in die **Wittenbergstraße**. Für Bochum außergewöhnlich schöne Fassaden (um 1905 bis 1914) zieren hier die Häuser wie auch in der querenden Wartburgstraße. Am Ende links, geht es wenig später rechts in die **Mansfelder Straße**. Von dort wieder links (**Am Neggenborn**); so kommen wir (nach rund 300 m) zur Grünanlage am Langendreer Bach, in die wir rechts eintreten. Vom Bach begleitet immer geradeaus zum **Ümminger See**, mit dem Langendreer und Laer einen idyllischen Flecken hinzugewonnen haben.

i

Bis in die 1970er-Jahre hinein breitete sich um die einstigen Schlammteiche das Brachgelände der alten Zeche Mansfeld aus, 1877 durch Zusammenlegung u. a. von Urbanus und Colonia entstanden, die vom Mansfeldschen Unternehmen aus Eisleben (es betrieb im Harz bereits Kupferbergbau) über-

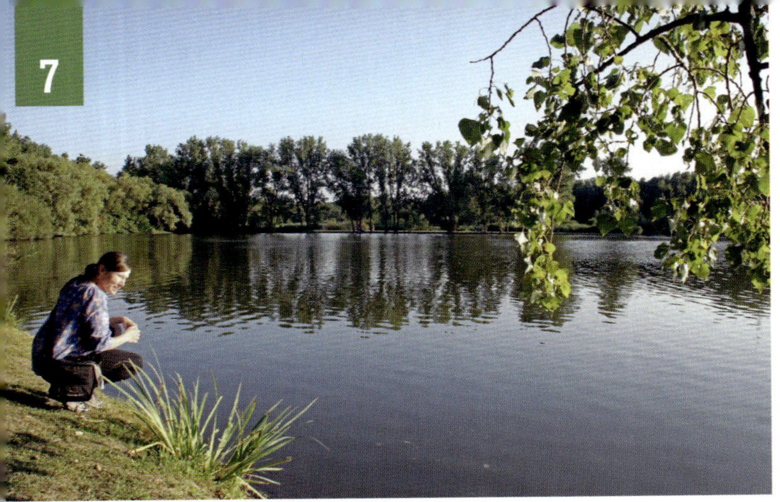

Am Ümminger See

nommen worden waren. Zur Hochblüte 1939 fanden mehr als 2.200 Menschen hier Arbeit, 1963 wurde sie geschlossen. Heute erinnern noch die Straßennamen in Langendreer daran.

Es geht gemütlich rechts am Ümminger See entlang bis zur Zufahrtsstraße. Wir nehmen nun links vom Harpener Bach einen Fußweg durchs Grüne zur **Industriestraße**, in die wir rechts einbiegen. Von dort in den **Hellbrüggenweg** und mit der **Vollmondstraße** durch die Bahnunterführung zur **Rüsingstraße**.

i

In Werne war Zeche Vollmond die älteste. Ihre Geschichte reicht zurück bis in die Mitte des 18. Jahrhunderts. Besonders macht sie, dass dort bereits 1801 als erstes Bergwerk im Ruhrgebiet eine Dampfmaschine zur Wasserhaltung eingesetzt wurde – sie zählte zu den modernsten Frühzechen und zu den bedeutendsten im Revier.

Nach der Unterführung kurz rechts, geht es links hinein in einen Fußweg. Dann rechts entlang der Kleingärten zum **Rixenburgweg** und zurück zur **Rüsingstraße**. Links einbiegen und am Kiosk vorbei mit der Brücke über die Eisenbahnlinie. Links, parallel zur Straße (die Gleise gibt es noch), verlief früher die Zechenbahn, denn auf dem teils brachliegenden Gelände hinter der Mauer lag das gewaltige Areal der **Zeche Robert Müser** mit dem riesigen Gasometer, das sich noch über den Werner Hellweg hinaus ausdehnte.

i

Mit Gründung der Harpener Bergbau AG 1856 sollte Kohleabbau im großen Stil erfolgen. Damals hatte Werne noch nicht einmal 600 Einwohner, und so zogen Arbeitskräfte in großer Zahl zu. 1929 dann wurden die Zechen Heinrich Gustav (zu der seit 1926 Vollmond gehörte), Amalia, Caroline und Prinz von Preußen zur Großschachtanlage Robert Müser fusioniert. In Spitzenzeiten arbeiteten dort über 7.000 Leute. Das Bergwerk prägte das Leben in Werne, bis es 1968 dichtgemacht wurde. Seit 1990 steht das Fördergerüst von 1928 am zentralen Schacht Arnold (von 1859) unter Denkmalschutz.

Wir spazieren an der Willy-Brandt-Gesamtschule vorbei, zu der jetzt auch die alte Von-Waldthausen-Schule gehört. Es geht bergab, dann links in die Straße **Brandwacht** (früher Heinrich-Gustav-Straße), an der ganz am Ende am Werner Hellweg die neue Hauptfeuerwache liegt. Oberhalb der alten riesigen Ziegelmauer baut sich gleich der **Förderturm** von Schacht Arnold vor uns auf, der heute auf dem Gelände eines Logistikunternehmens steht. Wir nehmen rechts am Gitterzaun entlang den Fußweg und passieren das Kyffhäuser-Vereinshaus. Durch den Tunnel, dann bringt uns die **Boltestraße** an der bildschönen katholischen Kirche Herz-Jesu vorbei, die 2010 100-jähriges Bestehen feiern konnte. Danach springt uns der bunt gestrichene alte Hochbunker am Werner Markt ins Auge, bevor

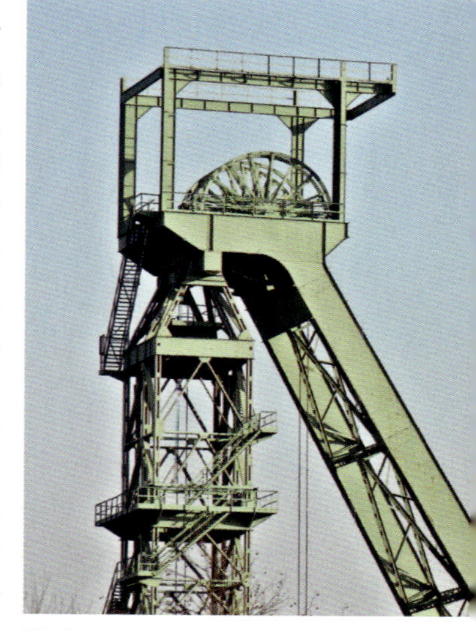

Fördergerüst Schacht Arnold

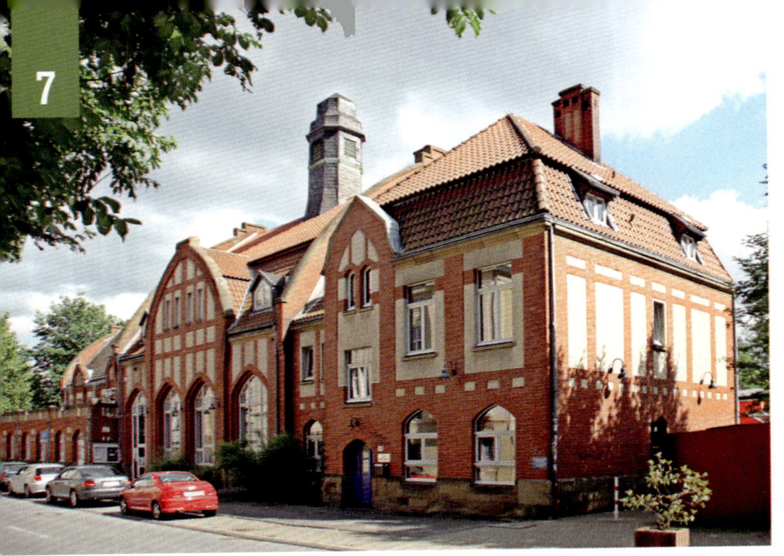

Bahnhof Langendreer

es am Ende in den „alten“ Werner Park mit kleinem Teich und Rosengarten, begrenzt von reizvollen Jugendstilhäusern, geht. Hier flanierten schon vor dem Ersten Weltkrieg stolz die Damen durch die damals hochgeschätzten Anlagen.

Jetzt immer mit Wanderzeichen „Kreis“, bei der Grundschule Kreyenfeldstraße gleich in den „neuen“ Park mit den prächtigen alten Bäumen. Anschließend am altgedienten Freibad von 1930 vorbei zur Straße **Lütge Heide**. Früher einmal stellte sie die direkte Verbindung zwischen dem Dorf Werne und Lütgendortmund dar. Hier passieren wir erst die Kleingärten, dann den Friedhof (1891 eröffnet). Einige alte Villen sieht man auch noch. Der Straße nach bis zu ihrem Ende, stehen wir unterhalb der evangelischen Kirche (von 1896) im schlichten Backstein, aber stimmungsvoller Ausstattung. Vis-à-vis das schmucke **Amtshaus** von 1899; es wurde nötig, als Werne 1886 mit nun bereits um die 6.000 Einwohner von der „Samtgemeinde Langendreer“ selbständig wurde (1929 kam auch Werne zu Bochum). Unbedingt ansehen sollte man das malerische Fachwerkhaus Kohlleppel, das gegenüber der Kirche etwas zurückgesetzt unter

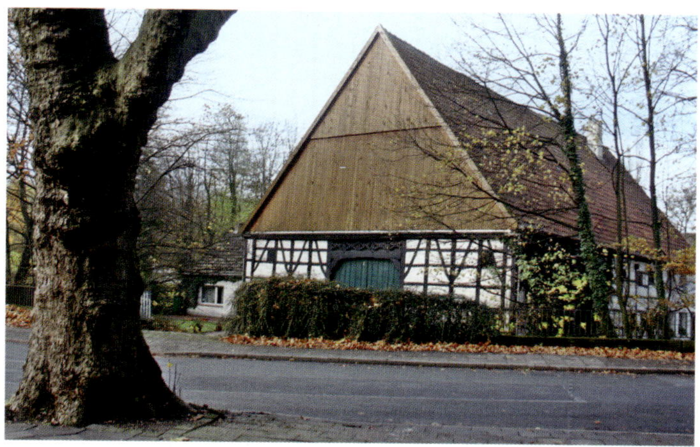

Hof Kohlleppel in Werne

großen Bäumen steht, denn es ist das letzte noch aus vorindustrieller Zeit stammende Hofgebäude in Werne.

Für den Rückweg folgen wir der Straße **Am Heerbusch**. Zum Schluss führt sie am Gelände des Opel-Werks III vorbei und endet am **Wallbaumweg**. So kommen wir links zum **Bahnhof Langendreer**, in dessen schön restauriertem Empfangsgebäude von 1908 das weithin bekannte Kulturzentrum zu Hause ist.

Der Personenbahnhof von 1900 hatte als wichtiger Verkehrsknotenpunkt früher große Bedeutung für Langendreer. Mit der neuen S-Bahn-Verbindung sollte er eigentlich abgerissen werden, wurde dann aber 1985 von einem Verein übernommen, der dort ein autonomes Kulturzentrum (mit städtischer Förderung) u. a. mit Kino und Konzerthalle ins Leben rief.

Anschließend durch die lange Unterführung der Bahn und geradeaus der **Hauptstraße** nach, die am Schulgelände mit dem alten Haus Langendreer vorbei (siehe Tour 19) zurück zum Marktplatz zieht.

Rund um Steinkuhl

Zwei gewichtige Bauvorhaben der 1960er-Jahre verbindet unsere Runde um Steinkuhl miteinander: die Ruhr-Uni und das Opel-Werk. Los geht es am Gesundheitscampus. Im Schatten der Hochhaustürme der Hustadt wandern wir durch das Laerholz zum historischen Haus Laer, und dort ist auch das Opel-Werk I nicht weit. Auf dem Rückweg sehen wir uns gleich noch den alten Malakowturm an.

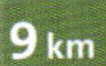

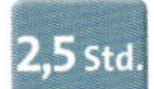

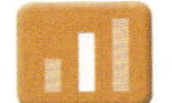

Start u. Ziel:
Parkplatz Gesundheitscampus/FH Gesundheit, Gesundheitscampus (früher Oesterendestraße), 44801 Bochum

Bus/Bahn:
versch. Busse (u. a. 356, 346) bis Haltestelle „Oesterendestraße"; alternativ: U 35 bis Haltestelle „Markstraße", dort die Tour starten

Wegbeschaffenheit:
befestigte Fußwege und wenige kleine Straßen; ein grob geschotterter, recht steil abfallender Waldabschnitt; für Kinder geeignet

Wegbeschreibung

Unser Ausgangspunkt liegt am ehemaligen Staatshochbauamt, das in den 1960er-Jahren als eines der ersten Gebäude für die Ruhr-Uni errichtet wurde. Es wird bald (umgestaltet und saniert) Bestandteil der neuen Hochschule für Gesundheit sein, denn am Gesundheitscampus wird in Kürze die staatliche Fachhochschule entstehen. Vom dortigen Parkplatz führt gleich ein Fußweg hinüber zu den Sportanlagen. Dahinter geht es direkt nach rechts, vor dem Neubau der Erich-Kästner-Gesamtschule abwärts. Diese gehörte im Sommer 1971 zu den 30 ersten öffentlichen Versuchs-Gesamtschulen in Deutschland (seit 1982 Regelschule).

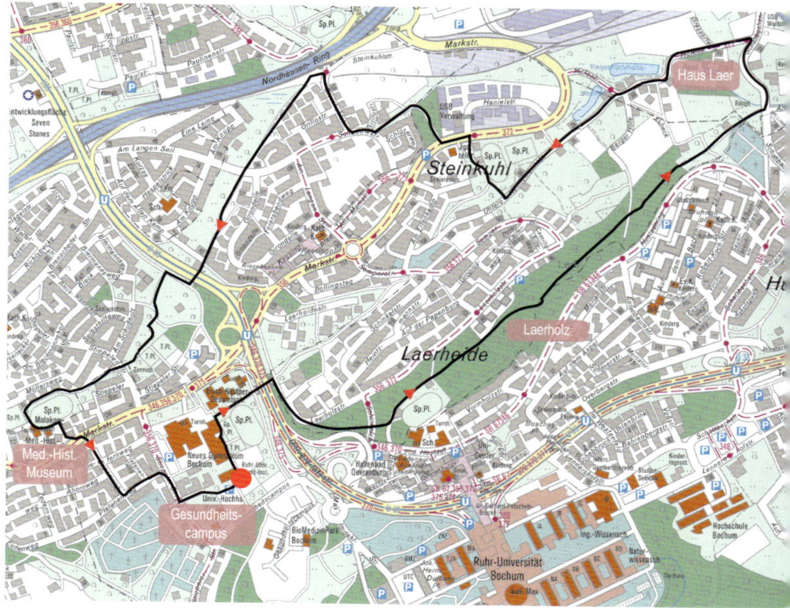

Anschließend die **Universitätsstraße** unterqueren (Haltestelle der U35) und rechts einem ansteigenden Fußweg nach. Dabei kommen wir entlang der Studentenwohnheime bzw. Appartementanlagen an der **Laerholzstraße**. In der Kurve verlassen wir unseren separaten Fußweg und folgen einem Trampelpfad über die nächste Straße hinweg hinein ins Laerholz, ein schmales, etwa zwei Kilometer langes Waldgebiet mit wunderbarem Baumbestand. Links haltend, passieren wir aber erst einmal den Fußballplatz. Der Asphalt geht dann über in groben Schotter, und wenig später können wir uns am Wanderzeichen „umgedrehtes T" orientieren. Es geht bergab, teilweise sogar recht steil, und erneut an Studentenwohnheimen vorbei. Der „Bergbauwanderweg", der auf Relikte des Ruhrbergbaus hinweist, verläuft nun ebenfalls kurzzeitig hier. Ohne große Richtungsänderungen spazieren wir durchs Laerholz, bis der Wald endet und kurz darauf die **Schattbachstraße** erreicht ist. Vorsicht, Autoverkehr! Trotz-

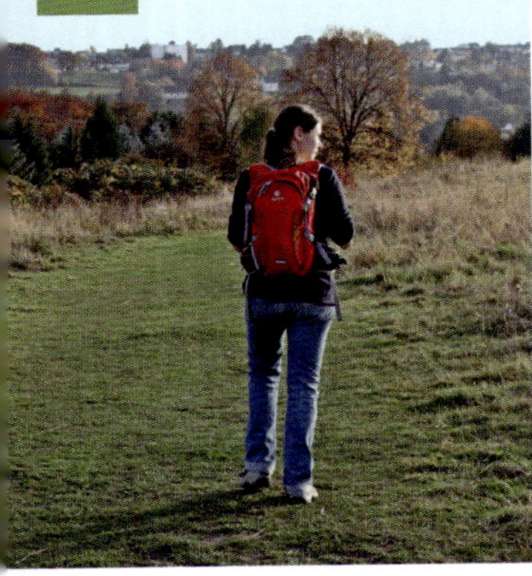

Zwischen Uni und Lottental

dem ist es hier recht idyllisch, mit wenigen Häusern und ländlich geprägter Umgebung inklusive Reitplatz. Wir biegen links ein (umgedrehtes T) und sehen linker Hand das alte **Haus Laer**, das als der älteste Profanbau des mittleren Ruhrgebiets gilt.

Auf einer Pfahlgründung des 10. Jahrhunderts errichtete man einst das barocke Burghaus in Fachwerkbauweise, von einer Gräfte (Wassergraben) umschlossen, die es heute noch gibt. Haus Laer, 1243 erstmals erwähnt, ist in Privatbesitz, wird als exklusives Hotel betrieben und für Veranstaltungen genutzt. Einige Nebengebäude aus Bruchstein sind ebenfalls in sehr schönem Zustand erhalten, aber die Anlage ist nur bedingt zugänglich.

Im Kontrast dazu das große **Werk I von Opel**, das erst durch seine Erfolgsgeschichte, aber in den letzten Jahren eher durch Schließungsgerüchte von sich reden machte. Es fällt uns sofort geradeaus in den Blick.

i

Als der Bergbau keine Zukunft mehr hatte, verloren innerhalb kürzester Zeit über 20.000 Leute in Bochum ihren Arbeitsplatz. Zum Glück konnte die Stadt 1960 die Adam Opel AG nach Bochum holen. Auf mehr als 1,5 Mio. qm früherer Wiesen, Felder und Industriebrachen wuchs damals in Rekordzeit eines der modernsten Automobilwerke der Welt. Das Werk I entstand auf dem Gelände der ehemaligen Zeche Dannenbaum in Laer, das Werk II auf der ehemaligen Schachtanlage Bruchstraße in Langendreer. Mit dem zeitgleichen Ausbau der Verkehrswege im Bereich Wittener Straße erfolgte eine groß angelegte Neustrukturierung des Stadtteils Laer. Offizielle Eröffnung des Bochumer Opel-Werks war am 10.10.1962. Schon im ersten Jahr fanden über 10.000 Menschen dort wieder Arbeit. In den beiden Werken wurde damals der legendäre Opel Kadett gefertigt.

Wir biegen an der nächsten Möglichkeit links (ohne Wanderzeichen) in die **Höfestraße** ein und folgen den Kurven, dabei teilweise ohne Gehweg. Seit Jahrzehnten gibt es Planungen, dass durch diese Idylle ein Teilstück der DüBoDo-Autobahn verlaufen soll. Vorbei an alten Fachwerkhäusern kommen wir zu einer Gaststätte mit eigener Geschichte: Der **„Blaue Engel"** war in den 1970er-Jahren eine der ersten „angesagten" Studentenkneipen, wird inzwischen aber von allen gern besucht. Anschließend links in die ruhige **Untere Heintzmannstraße**, die noch durchs Grüne verläuft. Hinter den Sportanlagen biegen wir rechts auf einen Fußweg ab, der uns zur **Markstraße** bringt. Hier die Straße vorsichtig überqueren, links weiter, um nach rund 100 m rechts in einen jungen Wald einzubiegen. Der Fußweg führt im Bogen zur **Schadowstraße**, der wir rechts nachgehen, um wieder rechts in die **Steinkuhlstraße** zu gelangen. Noch vor der Bahnlinie nehmen wir links den kleinen Fußweg. Er leitet zunächst entlang riesiger, grüner Rohre, durch die Opel vom Kraftwerk Springorum mit Druckluft für seine Maschinen versorgt wurde. Über diesen Fußweg gingen bzw. radelten in den 1960er-Jahren viele Opelarbeiter der neugebauten

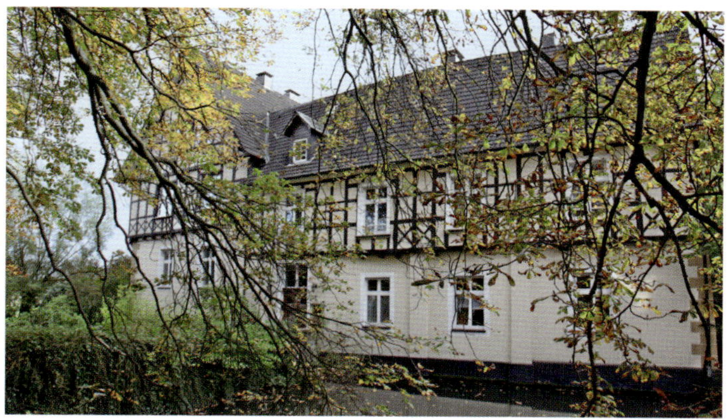

Historisches Haus Laer

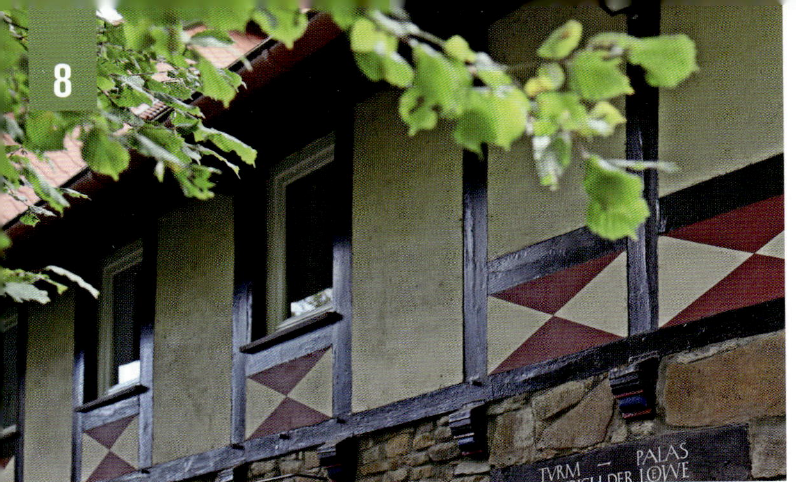

Fassadendetails am Haus Laer

Werkssiedlungen von Steinkuhl und Brenschede, zu einer Zeit, als ein eigenes Auto noch nicht selbstverständlich war.

i In Bochum begann in den 1950er-Jahren ein Bauboom, der sich bis in die 1970er-Jahre fortsetzte. Während des Ausbaus der Opel-Werke und gleichzeitiger Baumaßnahmen des Landes (wie die Ruhr-Uni) war Bochum Europas größte Baustelle. 1967 begannen die Planungen für das wohl bekannteste und auch größte Siedlungsgebiet. Die Hustadt, benannt nach einem alten Flurnamen, mit ihren bis zu 14-geschossigen Zeilenbauten und „Wohntürmen" mit je bis zu 93 Wohnungen, entstand und war 1979 komplett. Auch das neue Wohngebiet Steinkuhl befand sich Ende der 1960er-Jahre im Aufbau. Von 1971 bis 1974 konnten 2.400 Wohnungen bezogen werden, zusätzlich stellte man 1.800 Wohneinheiten in Studentenwohnheimen bereit. Und ab 1970 begannen die Bautätigkeiten für das Uni-Center, das 1973 Einweihung feierte.

Der Weg zieht weiter am Rand von Steinkuhl durch die Grünanlagen, quert die Straße **Am Langen Seil** und schließlich auch die **Universitätsstraße**. Gleich wenden wir uns mit einem Fußweg nach rechts, bald vorbei am Abenteuerspielplatz und an der ersten Möglichkeit nach links. Dabei zieht der Weg durch Wiesen und ein kleines Waldstück unterhalb der Tennisplätze vom TC Südpark. Anschließend kreuzen wir eine Querstraße (Stiepeler Straße) und kommen von einem Parkweg in den sehr schmalen Pfad vorbei am Sportplatz der Concordia Bochum. Am Ende links kann man jetzt bereits den **Malakowturm** sehen, der wenig später erreicht wird.

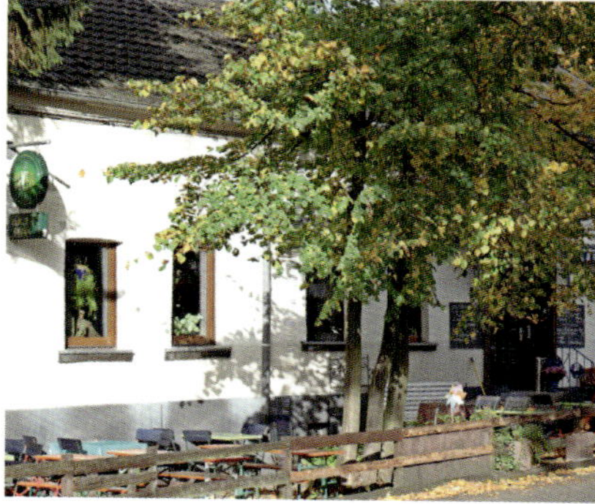

Einladend: Am „Blauen Engel“

i

Der Förderturm aus rotem Backstein der Zeche Julius Philipp in Wiemelhausen wurde 1875 fertiggestellt. Früh schon musste das Bergwerk wegen Wasserhaltungsproblemen geschlossen werden. Der erhaltene Turm gilt als einer der schönsten seiner Art. Er beherbergt u. a. die wohl größte medizinhistorische Sammlung Deutschlands und wurde 2012 von außen umfassend saniert.

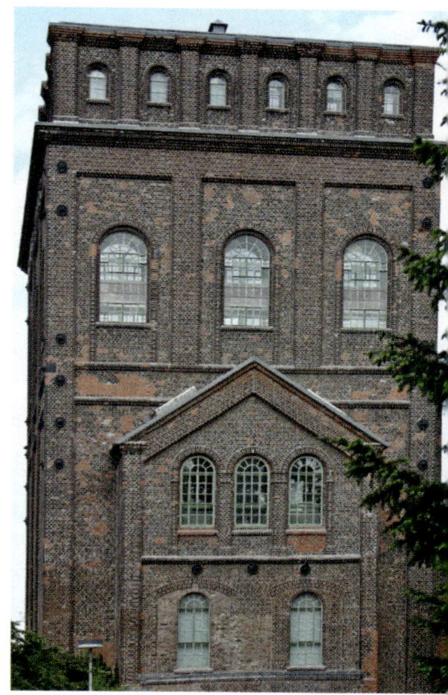

Malakowturm in Wiemelhausen

Nun über die Zufahrtstraße des Turmes weiter zur **Markstraße**. Dort nehmen wir schräg links gegenüber einen Fußweg, der uns am Ende geradeaus in den **Espenweg** bringt. Von dort links in den **Platanenweg**, dann rechts ein Stück der **Stiepeler Straße** nach, und wir kommen zum Ausgangsort zurück. Auf dem Weg passieren wir eine der jüngsten Studentenwohnanlagen; hier wurde familiengerecht gebaut, mit Spielplätzen und Innenhöfen.

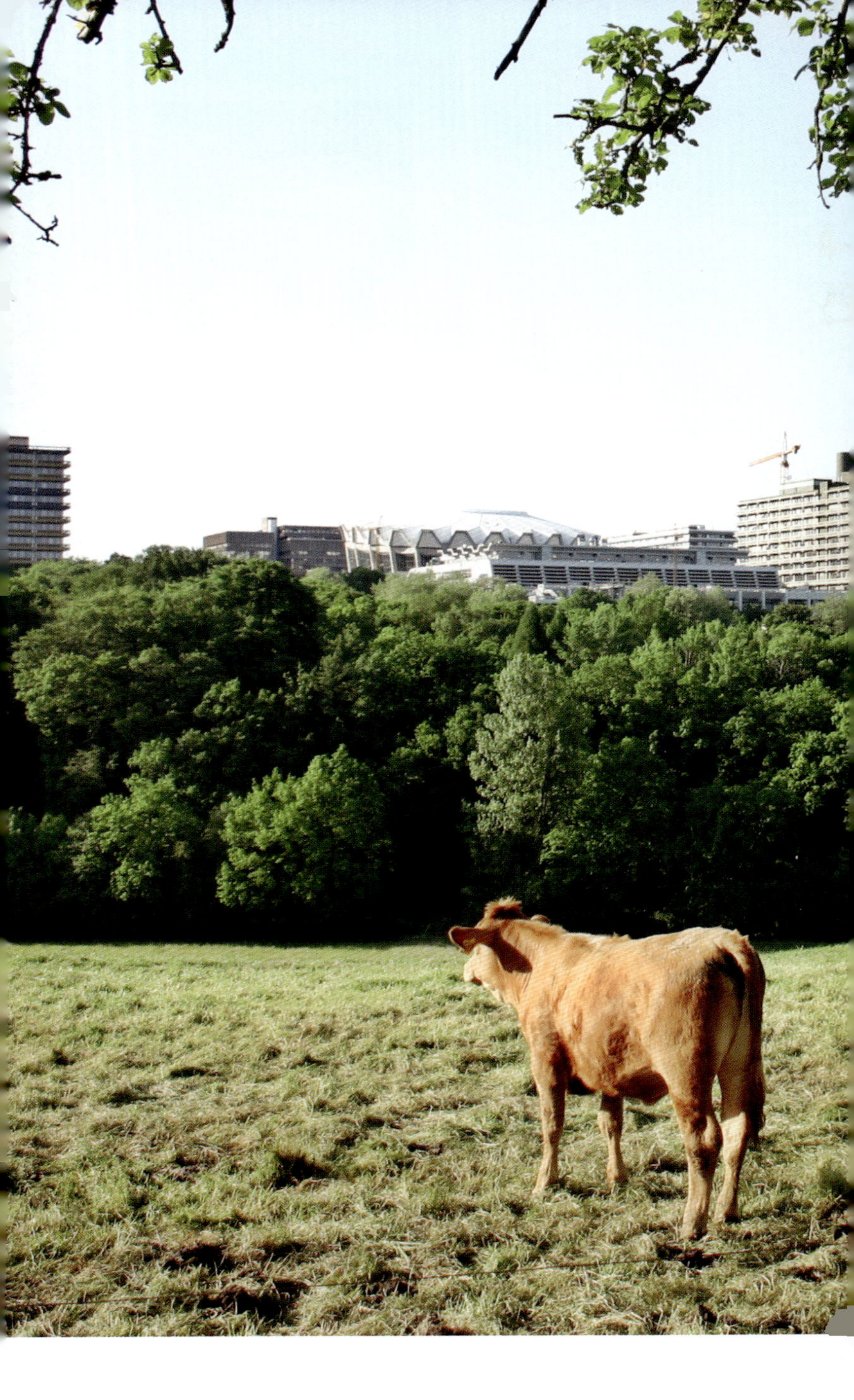

Thementouren

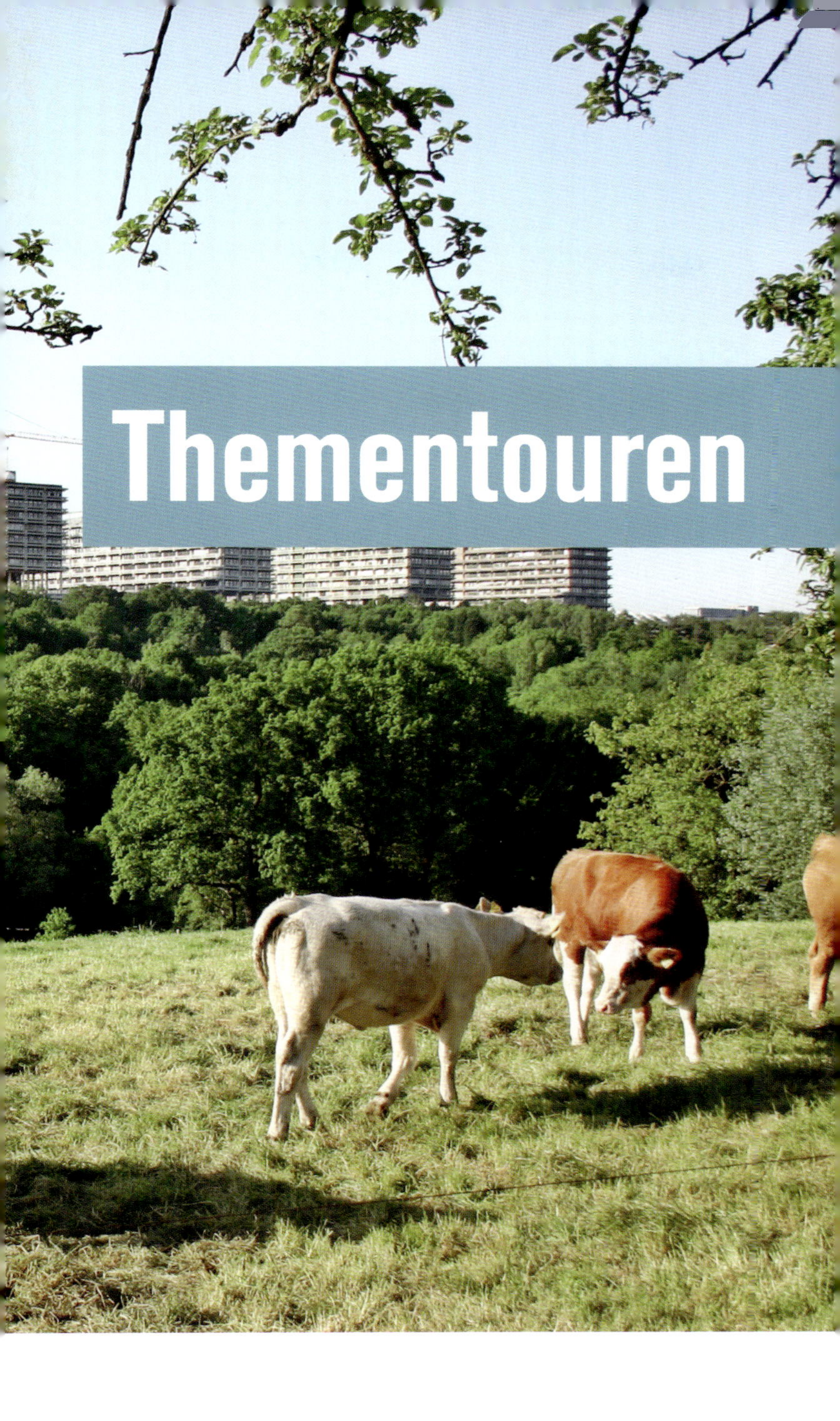

Tour 9

Von Burg zu Burg

Mit Burg Hardenstein, Haus Herbede, Haus Kemnade und Burg Blankenstein erkunden wir gleich vier mittelalterliche Adelssitze entlang der Ruhr und genießen den Blick auf Bochum von den gegenüberliegenden Höhen. Dazu eine Fahrt mit der Fähre zum malerischen Muttental und ein Bummel am Kemnader See.

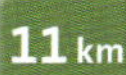

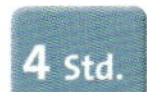

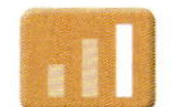
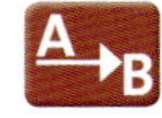

Start:
In der Lake, 58452 Witten

Ziel:
Burg Blankenstein, 45527 Hattingen-Blankenstein

Bus/Bahn:
Hinfahrt: Bus 320 bis Haltestelle „Herbeder Straße"; Rückfahrt: Bus SB 38 bis Haltestelle „Herbede-Mitte", dann zu Fuß über die Ruhrbrücke

Wegbeschaffenheit:
befestigte Wege und Straßen, einige unwegsame, teils stufendurchsetzte Abschnitte im Wald; zwei deutliche Auf- und Abstiege; für Kinder geeignet

Wegbeschreibung

Die kleine Straße **In der Lake** führt uns direkt hinein in die Ruhrauen und weiter zur Lakebrücke für Fußgänger und Radler. Auf der anderen Ruhrseite sieht man am Mühlengraben die Gebäude der **Edelstahlfabrik Lohmann** – ein Name, der bedeutend für die Industriegeschichte des Ruhrgebiets ist.

i

Um 1811 konnte Friedrich Lohmann erstmals in Deutschland einen brauchbaren Tiegelgussstahl herstellen. Am alten Mühlenkanal entstand 1919 eine eigene Wasserkraftanlage, und in der Mühle, die die Lohmanns 1859 kauften, ist das Firmen- und Familienarchiv eingerichtet. Wie damals üblich, baute man auch die herrschaftliche Villa gleich neben der Fabrik;

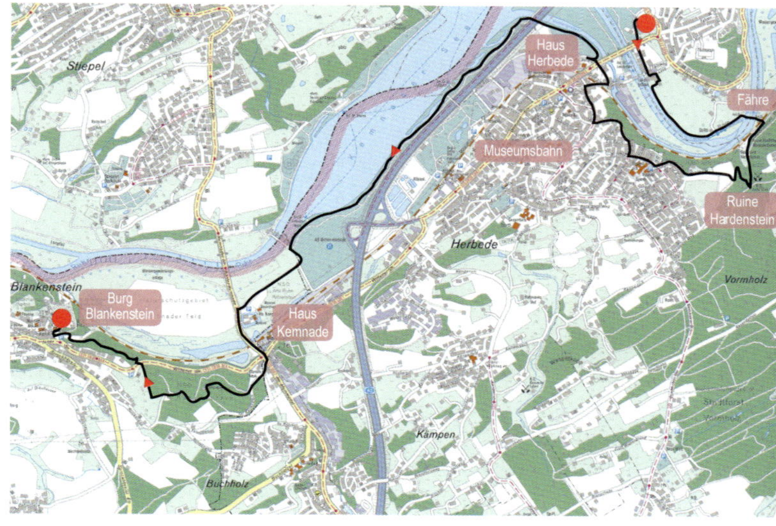

sie diente hernach als Verwaltungsgebäude. Noch heute produziert man in Herbede Spezial- und Edelstähle.

Wir wandern nun der Ruhr entlang durch das Tal, bis der Fluss beim Wehr von Herbede laut rauschend Temperament beweist. An der **Schleuse Herbede** steht auch das hübsche Wärterhaus von 1835 – es dient als nette Raststation. Dort folgt nun ein besonderes Erlebnis, denn wir setzen mit der kleinen **Personenfähre „Hardenstein"** auf die andere Flussseite über.

Was man wissen muss: Die Fährverbindung von Herbede ins Muttental besteht nur von April bis Oktober, und bei Hochwasser wird sie eingestellt. Da gemeinnützig betrieben, ist das Übersetzen kostenlos, doch freut man sich über eine kleine Spende (Info unter www.ruhrtalfaehre.de). Eine erste Schleuse wurde in Herbede bereits bis 1778 gebaut, die man 1811 durch eine neue ersetzte. Die damals aus Holz errichtete Anlage fiel 1943 der Flutwelle der Möhnesee-Katastrophe (infolge Bombardierung) zum Opfer. Heute kann die moderne Schleuse vom Ausflugsschiff „Schwalbe" aus in Gang gesetzt werden.

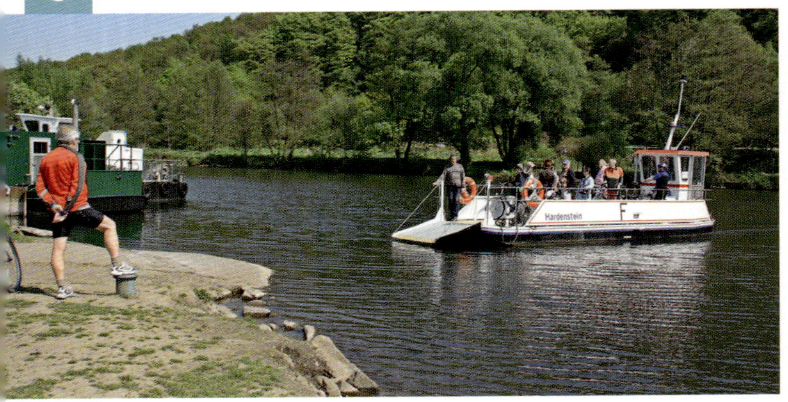

Die kleine Ruhr-Fähre „Hardenstein“

Jetzt durch die Unterführung der Museumsbahn Ruhrtal hinein ins idyllische Muttental. Gleich halten wir uns rechts, um wenig später die romantische Anlage der **Ruine Burg Hardenstein** zu erreichen („Kreis“ und A3). Die wunderbare Lage direkt am Fluss, dabei fern jeder Straße – man gelangt nur zu Fuß oder per Museumsbahn hin –, macht einen Besuch besonders lohnend.

i Zu erkunden sind die noch vorhandenen Teile des gotischen Haupthauses und die beiden runden Ecktürme aus dem 14. Jahrhundert sowie einige Mauereinfassungen der Vorburg. Bis 1469 war Burg Hardenstein das Zuhause der Familie von Hardenstein, danach kümmerte man sich kaum noch darum – sogar Raubritter sollen sich dort versteckt haben. Von Mitte des 18. Jahrhunderts an begann die Anlage endgültig zu verfallen. Erst als sich ein Verein gründete, wurde 1974 mit ersten Sicherungsarbeiten be-

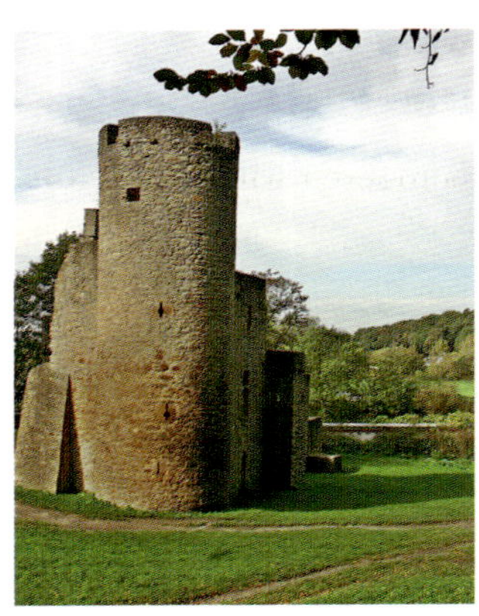

Malerische Ruine Burg Hardenstein

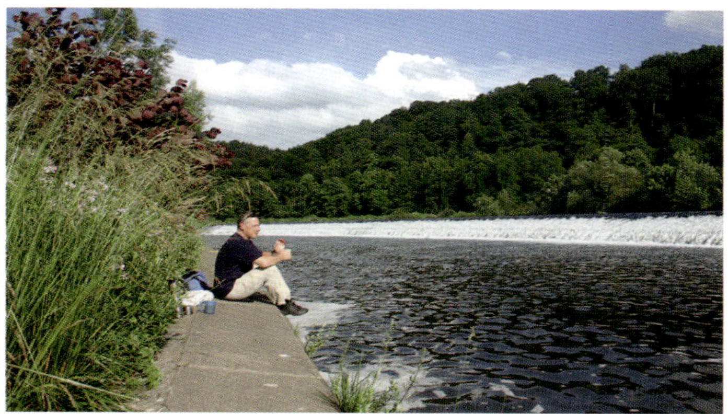

Am Wehr in Herbede

gonnen und einiges bis 1980 rekonstruiert. Im Rathaus von Herbede findet man ein kleines Museum dazu.

Anschließend folgen wir („Kreis" und A3) einem ansteigenden Waldweg. An der Kreuzung der Wege wechseln wir zum Wanderzeichen U und steigen scharf rechts steil aufwärts, verlassen dann den Wald und treffen auf der Höhe von Vormholz auf das Sträßchen **Am Nöcksken**, dem wir rechts haltend nachgehen. Mehr oder weniger am Rand von Vormholz leitet uns die Markierung U mit immer wieder wunderbaren Ausblicken u. a. Richtung Ruhr-Universität nach und nach abwärts, bis wir wieder im Ruhrtal von Herbede angekommen sind. Zum Schluss überqueren wir mit der **Meesmannstraße** die Gleise der Museumsbahn und biegen noch vor der Brücke über den Mühlengraben links ab unter der großen Straßenbrücke hindurch zum **Haus Herbede**.

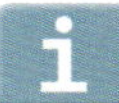

Die ehemalige Wasserburg gilt als eines der ältesten noch erhaltenen Burghäuser im Ruhrtal und war fast 600 Jahre lang das Zuhause der Familie von Elverfeldt, die mehrere Jahrhunderte das Schutz- und Gerichtsherrenrecht über Herbede innehatte. Kunsthistorisch wertvolle Relieffelder des 16. Jahrhunderts kann man an der prächtig gestalteten Innenhoffassade

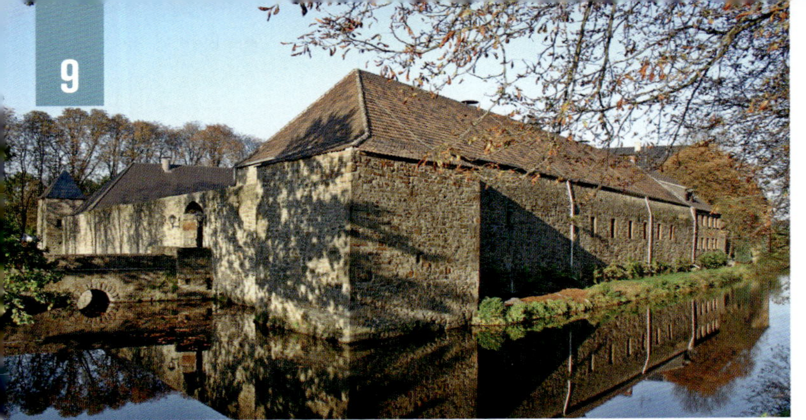

Wasserburg Haus Kemnade

des Rittersaals der sehenswerten Vierflügelanlage bewundern. Zu Beginn der 1980er-Jahre war sie in einem so schlechten Zustand, dass man schon darüber nachdachte, Haus Herbede abzureißen. Das bis 1988 gründlich restaurierte Herrenhaus ist inzwischen u. a. Begegnungszentrum, dessen Außenanlagen frei zugänglich sind. Ein Restaurant im Gewölbekeller und ein großer Biergarten auf der Vorburg, die sich zu einem Kunstgewerbemarkt entwickelt hat, laden zur Rast.

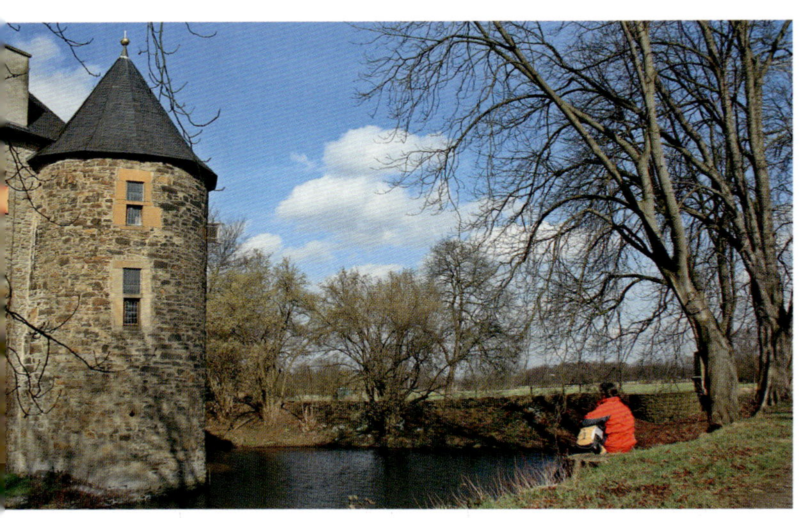

Romantisches Haus Kemnade

Nach dem Besuch von Haus Herbede leitet uns ein Fußweg zum Mühlengraben (U) und an ihm entlang Richtung Kemnader See. Gleich hinter der Autobahnbrücke zieht Markierung U rechts weg, und wir schließen uns links haltend dem Fußweg am **Kemnader Stausee** an. Hier ist im Vergleich zur anderen Seeseite eigentlich immer etwas weniger los. Der jüngste der Ruhrstauseen wurde erst 1979 eingeweiht. Rund 125 ha groß ist seine Wasserfläche, und seit kurzem erzeugt man am Kemnader Wehr auch Strom. Die Tafeln des neuen Ruhr-Standort-Informationssystems (RuSIS) kann man außerdem am Wegesrand entdecken. Es erleichtert bei einem Notfall den Rettungskräften die Orientierung. Am Stauwehr angekommen, halten wir uns links an den Hauptweg (mehrere Wanderzeichen) und gelangen so durch die Wiesen direkt hinüber zum zauberhaften **Haus Kemnade**. Und obwohl sie auf Hattinger Stadtgebiet liegt, gehört die Wasserburg seit 1921 der Stadt Bochum.

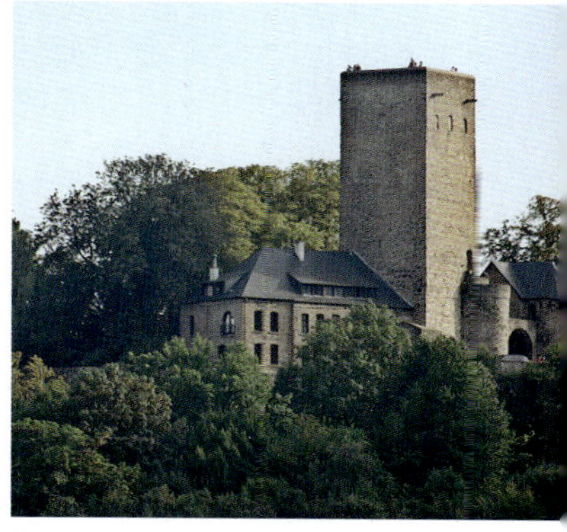

Burg Blankenstein hoch über dem Ruhrtal

Die vollständig erhaltene Burganlage mit Ursprüngen aus dem 12. Jahrhundert wurde nach einem Brand Ende des 16. Jahrhunderts bis 1704 wiederhergestellt, gilt als die südlichste Wasserburg Westfalens und gehört sicherlich zu den schönsten. Sie wird von einer Burgmauer und einer Gräfte (Wassergraben) komplett umschlossen. Zu Entstehungszeiten noch auf der rechten Ruhrseite gelegen, verlagerte der Fluss 1486 nach einem schweren Hochwasser seinen Lauf. Das Renaissancebauwerk beherbergt verschiedene Sammlungen (u. a. eine Instrumentensammlung) sowie ein Restaurant mit Biergarten im Burghof. Teil des Museums ist auch die ehemalige

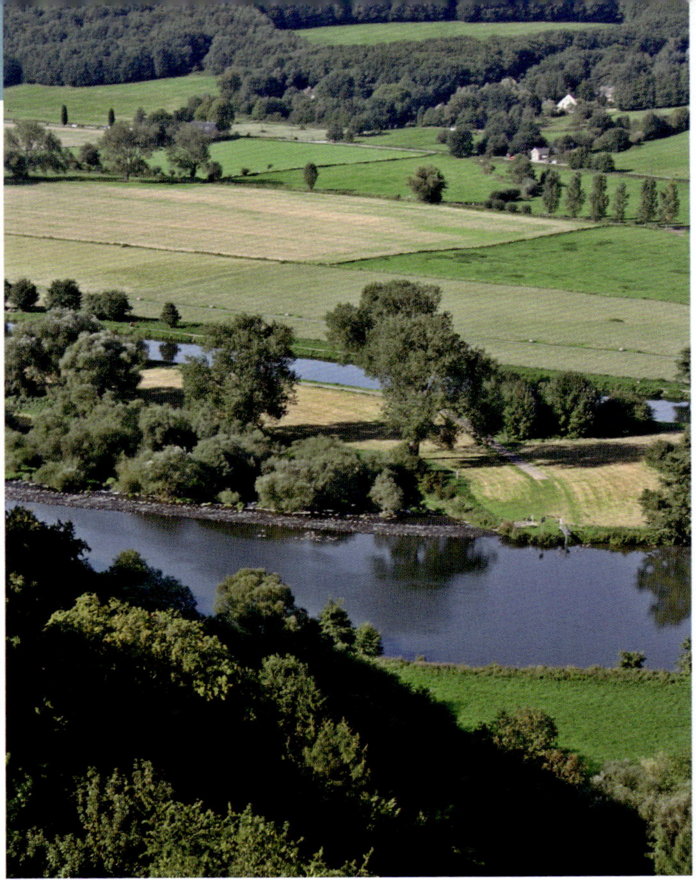

Blick von Burg Blankenstein

Meierei des Dorfes Stiepel; das Vierständerfachwerkhaus von 1800, das hier originalgetreu wieder aufgebaut wurde, zeigt bäuerliches Gerät und Möbel aus Westfalen.

Vor Haus Kemnade links der Straße nach, kommen wir am Haltepunkt der Museumsbahn vorbei und überqueren danach an der Ampel die große Kreuzung. Direkt hinter dem Steinenhaus auf der Ecke geht es von der Straße **Im Hammertal** rechts über einen kleinen Parkplatz hinauf in den Weg **Im Katzenstein**, der an einem Gehege vorbei bald kurz steil ansteigt, in den Wald. Danach an der Gabelung am Holzpavillon rechts.

Der schmale Weg führt erst am Hang oberhalb des Ruhrtals weiter und gewährt dabei viele schöne Ausblicke. Immer geradeaus, kommen wir auf dem Katzenstein noch einmal an eine Gabelung im Wald: Rechts haltend weiter dem Waldpfad nach. Wenig später zieht der Weg ziemlich steil zum Schluss mit einigen Stufen hinunter zur stark befahrenen **Wittener Straße**. Hier Vorsicht beim Überqueren, denn sie ist schlecht einsehbar. Schräg links gegenüber wieder in den Wald, dabei kurz abwärts, danach leicht bergauf nach **Blankenstein**. An der Mauer links, dann unterhalb der evangelischen Kirche rechts, durch die schmale Gasse vorbei an historischen Fachwerkhäusern hinauf in den reizvollen Ortskern. Danach ist auch die **Burg** schnell erreicht, die übrigens seit 1922 ebenfalls der Stadt Bochum gehört.

1228 ließ Graf Adolf I. Burg Blankenstein zum Schutz seines Territoriums auf dem Felsplateau oberhalb der Ruhr (auf dem „blanken Stein“) errichten. Blankenstein war (neben Wetter, Altena und Volmarstein) eine der vier Hauptburgen der Grafen von der Mark, doch schon im 16. Jahrhundert begann sie nach und nach zu verfallen. Nachdem Johann Georg von Syberg 1647 von Burg Blankenstein hinüber in sein Erbgut Haus Kemnade umgesiedelt war, konnte die Familie den Abbruch von Burg Blankenstein durchsetzen und die Steine zum Wiederaufbau der niedergebrannten Burg Kemnade nutzen. Erhalten blieb u.a. der 26 m hohe Wehrturm, der 80 m über der Ruhr eine tolle Aussicht ermöglicht. Er ist wichtige Station Bochumer Stadtgeschichte, denn dort bekam man 1321 die Stadtrechte verliehen.

Zum Schluss dann noch ein kleiner Stadtrundgang durch das historische Blankenstein mit dem schon immer beliebten Eiscafé am Markt. Am südlichen Ortsrand findet sich an der **Wittener Straße** die Bushaltestelle für die Rückfahrt.

Tour 10

Kleine „Bildungsrunde“ in Bochums Süden

Grüne Wege und tolle Aussichten beschert uns diese „bildungsreiche“ Tour. Rund um die Ruhr-Uni findet man die alte Fachhochschule und die neue, die am Gesundheitscampus gerade entsteht, das Technologiezentrum und auch das katholische Priesterseminar. Oberhalb des Kemnader Sees mit Blick zur Uni führt uns danach der Weg zum Botanischen Garten und durch das Lottental zurück zur Uni.

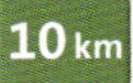

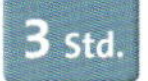

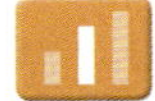
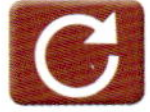

Start u. Ziel:
Parkplatz Max-Imdahl-Straße, 44801 Bochum

Bus/Bahn:
U 35 bis Haltestelle „Ruhr-Universität“, über die Brücke zur Uni und die Tour dort starten

Wegbeschaffenheit:
kleine Straßen, asphaltierte Wege, teilweise unbefestigte Waldwege, einige Treppen; zwei kurze kräftige Anstiege; für Kinder geeignet

Wegbeschreibung

Zu Beginn vom Parkplatz über die **Max-Imdahl-Straße** hinweg in den Fußweg, der hinüber zur **Ruhr-Uni** führt. Rechts im Blick sind dabei die früheren Medizin-Gebäude, die zum Großteil lange leer standen, bevor sie umfassend saniert ihrer neuen Bestimmung zugeführt wurden (u. a. Zentrum Klinische Forschung ZKF).

i Der Beschluss zum Bau der Universität war ein längst überfälliger Schritt für den Strukturwandel im Ruhrgebiet, war doch bereits 1818 mit der Duisburger Hochschule die einzige Uni der Region geschlossen worden. Mit einem feierlichen Staatsakt fand im Bochumer Schauspielhaus 1965 die offiziel-

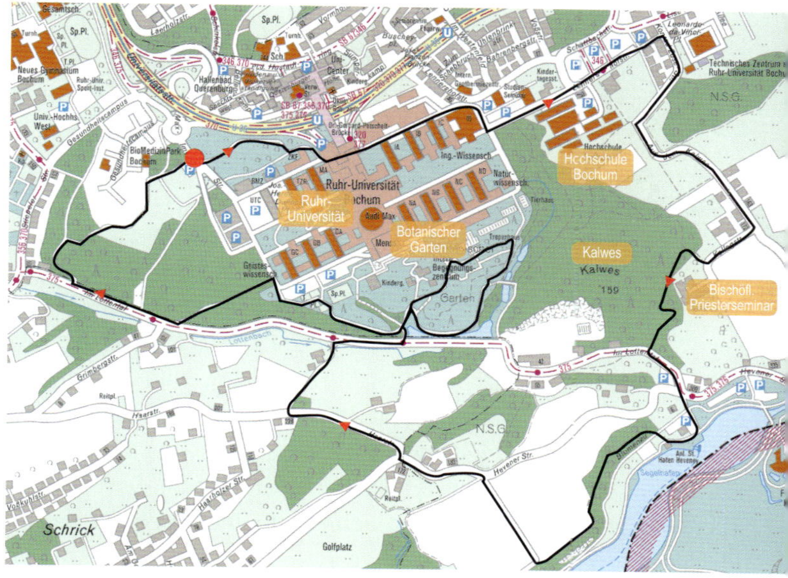

le Gründung statt. Quasi auf der grünen Wiese errichtet, war die Ruhr-Uni Bochum 1974 in allen wesentlichen Teilen fertiggestellt. Inzwischen hat sie rund 36.700 eingeschriebene Studenten und ist mit 5.500 hauptamtlich Beschäftigten ein wichtiger Arbeitgeber in Bochum.

Über eine Treppe gelangt man hinauf zur Hauptebene der Universität, wo den Campus mit dem Uni-Center (mit Geschäften, Gastronomie usw.) die „Dr.-Gerhard-Petschelt-Brücke“ verbindet. Der damalige Oberstadtdirektor von Bochum konnte gegen die große Konkurrenz aus Dortmund die Uni als erste Hochschulgründung des Ruhrgebiets nach Bochum holen.

Wir stehen hier im zentralen Zugangsbereich, und rechts ist u. a. das Musische Zentrum, das den Uni-Angehörigen vielfältige kulturelle Aktivitäten anbietet. Ein Stück weiter, unterhalb der Bibliothek, wurde die Kunstsammlung der Uni eingerichtet, die jedermann offen steht. Eine umfangreiche Münzsammlung, darunter auch der Fund griechischer und römischer Münzen,

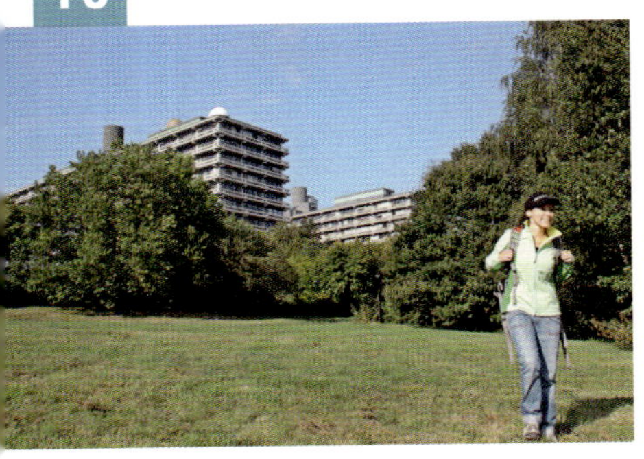

An der Ruhr-Uni Bochum

die beim Bau der Hochschule entdeckt wurden, befindet sich ebenfalls hier. Diese Fundstücke wanderten allerdings damals erst einmal in die Taschen der Bauarbeiter, konnten aber dann doch wiederbeschafft werden. Nun queren wir geradeaus die wenigen Meter des kleinen Platzes hinüber auf die andere Seite und nehmen dort noch einmal eine Treppe wieder hinunter. Entlang der drei hoch aufragenden Gebäude der Ingenieurswissenschaften geht es am Ende im Bogen rechts zu den Parkplätzen. Dort wenden wir uns nach links, um die **Hochschule Bochum** zu passieren, der gegenüber u. a. der Kindergarten der Uni untergebracht ist.

i Die jetzige Hochschule Bochum (Bochum University of Applied Sciences) wurde im Sommer 1971 als Fachhochschule gegründet und von 1974 bis 1979 errichtet. Heute hat sie rund 5.800 Studenten und 400 Angestellte. Neben der Hochschule für Gesundheit ist sie die einzige staatliche Fachhochschule in Bochum.

Geradeaus weiter gelangen wir automatisch in die **Lennershofstraße**, an der sich links unterhalb die großen Parkplätze ausbreiten, auf denen regelmäßig Trödelmärkte stattfinden, und wir steuern nun direkt auf das neue Technologie-Quartier zu mit dem Technischen Zentrum der Ruhr-Universität. Dort rechts in die **Konrad-Zuse-Straße**, die uns kurz darauf aus der Bebauung heraus ins Grüne bringt. Vor uns das Naturschutzgebiet Kalwes, gelangen wir bald ins Sträßchen **Auf dem Kalwes** und folgen seinem gewundenen Verlauf. Es steigt dabei steil an, vorbei an vereinzelten Häusern, um uns oben einen wunderbaren Blick bis weit nach Witten zu ermöglichen.

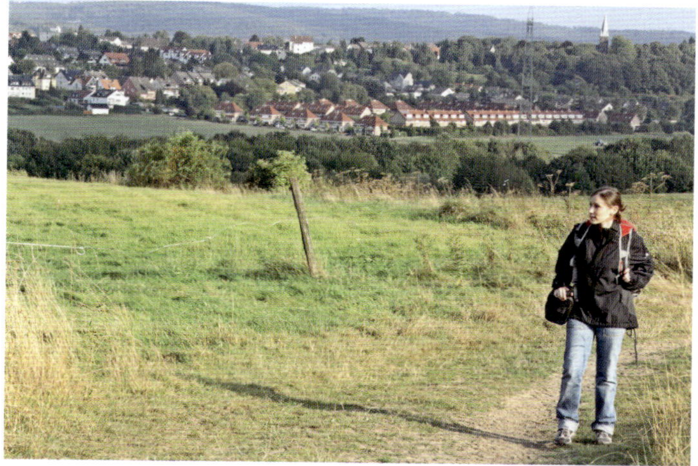

Am Kalwes

Nun geht es abwärts, und am Abzweig **Kollegstraße** biegen wir am Studentenwohnheim rechts ab Richtung Priesterseminar der katholischen Kirche, also eine Hochschule für angehende Priester, die aber nach dem Sommersemester 2013 geschlossen wird. In der Linkskurve beginnt ein Fußweg, der rechts zum Wald zieht. Wanderzeichen „U“ führt uns hier durch den Klosterbusch

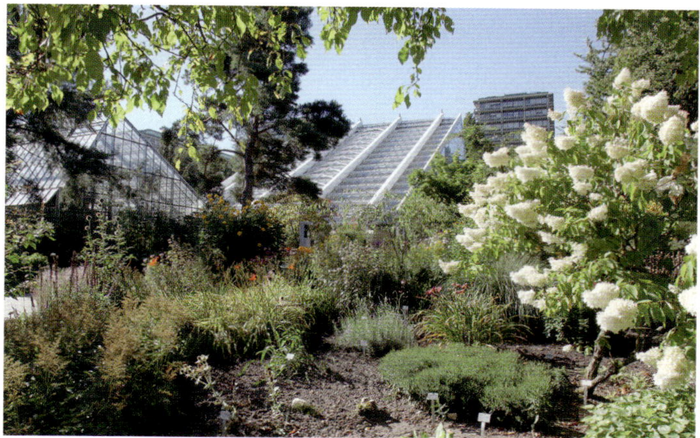

Im Botanischen Garten

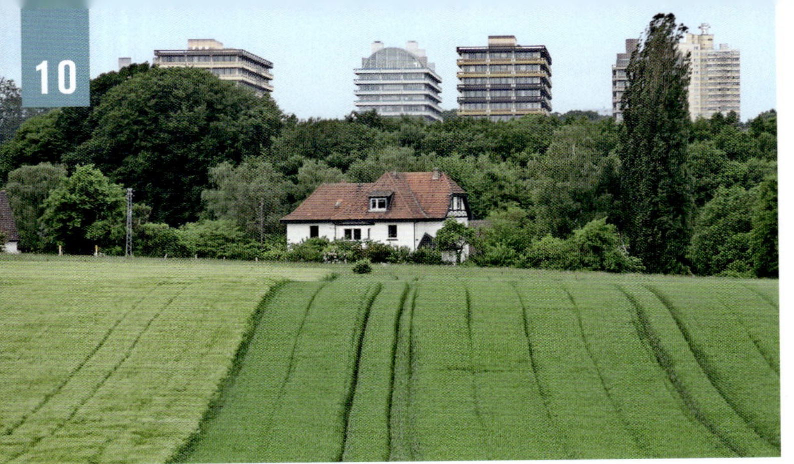

Blick von der Blumenau zur Uni

am Kalwes (159 m) bergab bis hinunter ins **Lottental** und dort links weiter. Der Straße nach gelangen wir zu den Parkplätzen am **Kemnader Stausee** und ans Ufer beim Hafen Heveney, doch während „U“ links weggeht, wenden wir uns nach rechts auf den bewaldeten Hang zu, der neben dem See hinaufragt. Etwas aufpassen: Von unserem asphaltierten Weg unterhalb des Hangs führt ein kleiner Weg direkt vom Waldrand aufwärts (mit dem „Kreis“). Es geht jetzt recht steil hinauf bis auf den Kamm, auf dem wir anschließend entspannt entlangwandern können. Hier oben, in der **Blumenau**, ist es im Gegensatz zum regen Treiben am Wasser ruhig, nur wenige Spaziergänger machen sich die Mühe des kleinen Aufstiegs.

Bald öffnet sich der Blick Richtung Ruhr-Uni, die mitten im Grünen liegt, dabei im Zentrum das fast ein wenig futuristisch anmutende Audi-Max. Wo der Fußweg endet (noch vor dem ehem. Ruhrlandheim, das heute Wohnheim für Menschen mit Behinderung ist), wandern wir rechts abbiegend (ohne „Kreis“) durch die Feldflur bis zur **Hevener Straße** und dort links weiter. Kaum einmal ein Haus, kommen wir in ländlicher Atmosphäre zur **Haarstraße**, der wir rechts nachfolgen. Kurz darauf liegt rechts ein erster Bauernhof, doch wir gehen noch 200 m weiter und biegen dann erst rechts ab. Kurz vor dem Lottental kommen wir an einem idyllisch gelegenen Hof mit Hofladen vorbei. Im Tal rechts der Straße nach und gleich an der nächsten Möglichkeit vor einem Teich links in den Wald unterhalb des **Botanischen Gartens** der Ruhr-Uni. Kurz darauf eine Wegkreuzung, an der wir rechts haltend gleich zum Eingang gelangen.

i Errichtet wurde der Botanische Garten 1969 zum Forschen und Lehren und kann sich inzwischen über mehr als 300.000 Besucher pro Jahr freuen (im Winter bis 16 Uhr, im Sommer bis 18 Uhr geöffnet). Auf breiten Wegen oder kleinen Pfaden können wir die am Südhang angelegte Anlage erkunden. Besonders interessant ist sicher der Chinesische Garten Tao Quian, der in Zusammenarbeit mit Fachleuten der Universität Shanghai gestaltet wurde und der einzige Hausgarten in original südchinesischem Stil in Deutschland ist. Doch auch vieles andere wie z. B. das Alpinum, das Sukkulenten- oder das Tropenhaus sind überaus sehenswert.

Durch dasselbe Tor verlassen wir die Anlage und setzen den Weg hinauf zur Uni fort. Dazu an der Wegkreuzung rechts, außen am Botanischen Garten, an Tennisplätzen und Parkplätzen vorbei. Auf Höhe der ersten Gebäude (der Geisteswissenschaften) biegen wir links in den Wald ein. Ein unbefestigter Waldweg führt uns hier wieder abwärts ins Lottental. Gegenüber der alteingesessenen Ausflugsgaststätte **„Post’s Lottental“** mit Minigolfplatz – sie lockt mit lauschigem Biergarten – ist erneut die Straße **Im Lottental** erreicht, der wir rechts folgen. Nach etwa 500 m wird dann rechts ein Weg eingeschlagen, der ziemlich steil und in Kurven den bewaldeten Hang hinaufführt. An der ersten Gabelung wiederum rechts, geht’s weiter hinauf und an der Waldhütte vorbei aus dem Wald heraus auf die „Hundewiese“. Wieder haben wir schöne Aussicht zur Uni, während man linker Hand den neu entstehenden Gesundheitscampus im BioMedizinPark Bochum ausmachen kann. Bald darauf ist der Parkplatz am Ausgangspunkt erreicht.

„Bergmanns-Wohl“

Ob die gemütliche Bergmannssiedlung Borgholzwiese, die Knappschaft im Bomin-Haus, der einstige Konsumverein Wohlfahrt, die Bergbauberufsgenossenschaft oder das Klinikum Bergmannsheil am nahen Hauptsitz der Knappschaft – all die zum Wohl der Bergleute entstandenen Einrichtungen und einiges mehr kann man auf dieser Runde kennenlernen.

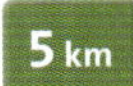

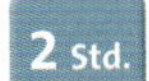

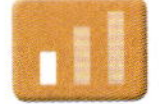
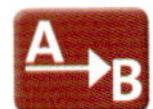

Start:
Malakowturm, Markstraße 258 a, 44799 Bochum

Ziel:
Schauspielhaus, Hans-Schalla-Platz

Bus/Bahn:
Hinfahrt: Bus 346 bis Haltestelle „Glücksburger Straße“ oder Bus CE 31 u. SB 37 bis Haltestelle „Königsallee/Markstraße“; Rückfahrt: Bus CE 31 od. SB 31 ab Haltestelle „Schauspielhaus“ bis Haltestelle „Königsallee/Markstraße“.

Wegbeschaffenheit:
befestigte Geh- und Parkwege; ein kurzes, steiles Treppenstück mit Rampe; mit zwei kleinen Ausnahmen beständig leicht bergab; für Kinder geeignet

Wegbeschreibung

Unsere Wanderung beginnt am historischen **Malakowturm** von 1875 der Zeche Julius Philipp. Der aus rotem Backstein errichtete ehemalige Förderturm zählt zu den schönsten seiner Art, steht ein kleines Stück zurückgesetzt an der Markstraße in Wiemelhausen und bietet u. a. dem Museum der medizinhistorischen Sammlung der Ruhr-Universität Bochum Platz.

i Der Malakowturm „Julius Philipp“ ist einer von vier noch vorhandenen Fördertürmen seines Typs in Bochum und steht seit

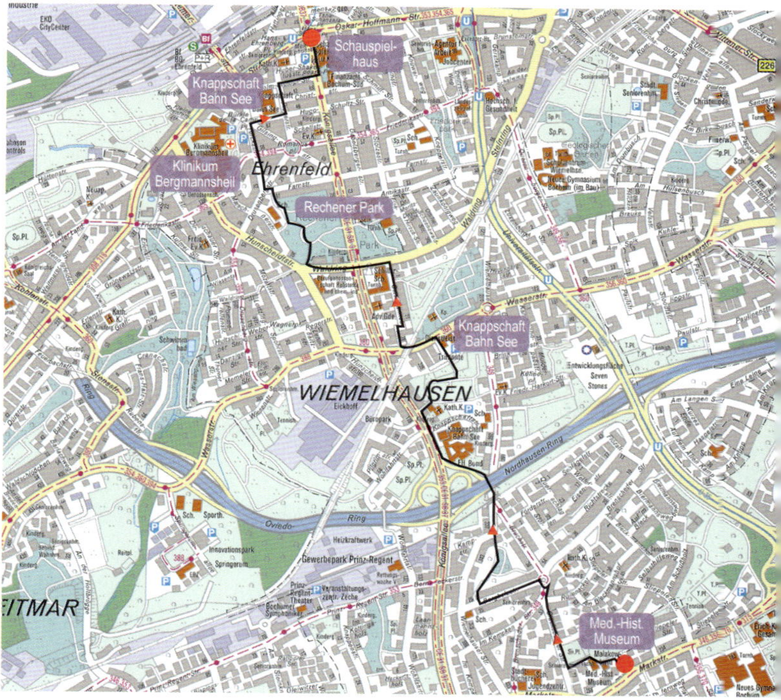

1987 unter Denkmalschutz. Namensgeber war der Bochumer Bergmeister Julius Philipp Heintzmann (1745–1794), ein Mitstreiter des Freiherrn vom Stein (1757–1831). Der preußische Minister und Reformer (u. a. Städteordnung von 1808, die allen städtischen Gemeinden Selbstverwaltung übertrug) unternahm bedeutende Bergbaubefahrungen auf der Ruhr, war u. a. Bergamtsdirektor des Kleve-Märkischen Bergamts in Wetter. Heintzmann dagegen konnte als Spross einer alten Bochumer Bergmannsfamilie bis zum Bergrat aufsteigen und gehörte zu den Gründungsvätern zahlreicher Zechen. Stra-

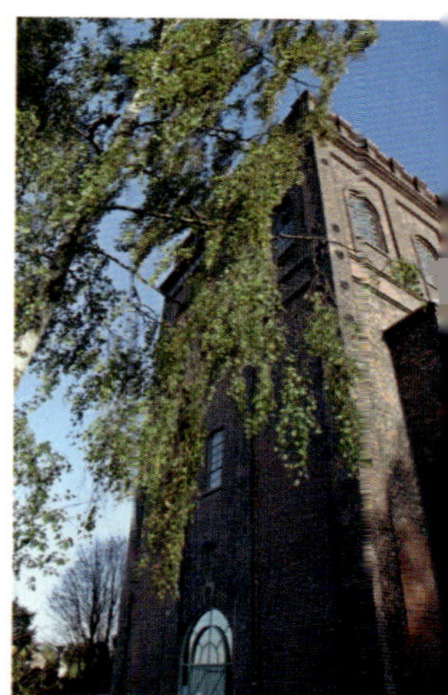

Malakowturm an der Markstraße

ßennamen im Bochumer Süden wie Heintzmannsheide, Heintzmann- und Untere Heintzmannstraße erinnern an ihn.

Hinter dem Malakowturm kommen wir vorbei an Sportanlagen und einer erst 2012 umfassend sanierten Studentenwohnanlage. Früher gab es an dieser Stelle das sogenannte „Bullenkloster" - ein Wohnheim für im Bergbau beschäftigte Junggesellen, die nicht als Kostgänger bei anderen Familien unterkamen. Die **Glücksburger Straße** führt in das Kirchviertel, wie das fast dörflich anmutende Zentrum Wiemelhausens um die katholische St. Johanneskirche von 1887 üblicherweise hier heißt. Am Kreisverkehr links in die **Borgholzstraße** mit den liebevoll gepflegten Häusern der **Bergarbeitersiedlung Borgholzwiese**.

Erbaut wurde die Wohnsiedlung 1909/1910 für die Bergleute der Zeche Prinz-Regent. Das Bergwerk westlich der Königsallee an der Prinz-Regent-Straße ist heute weithin bekannt als kultureller Veranstaltungsort unter der Kurzform „Zeche". Die aus mehreren Haustypen bestehende Siedlung dagegen hat ihren Namen von der ehemaligen „Kuhwiese" (Gemeinschaftsweide) in ihrem Zentrum, um die sich die Häuser gruppieren (Borgholzstraße, Bruchstraße und Wiemelhauser Straße). Schon in einer Steuerliste von 1486 werden Bauern entlang des „Wimelhuser Hellwegs" erwähnt. In Wiemelhausen, das bis zum Ende des 18. Jahrhunderts mit gerade einmal 200 Einwohnern nur dünn besiedelt war, stieg wie anderswo auch

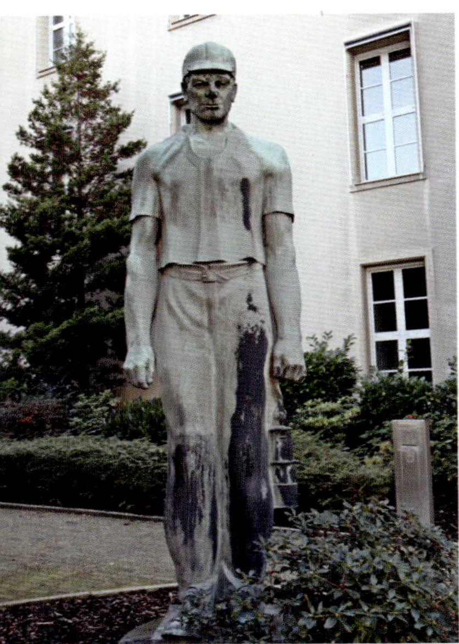

Bergmannsdenkmal am Knappschaftsgebäude

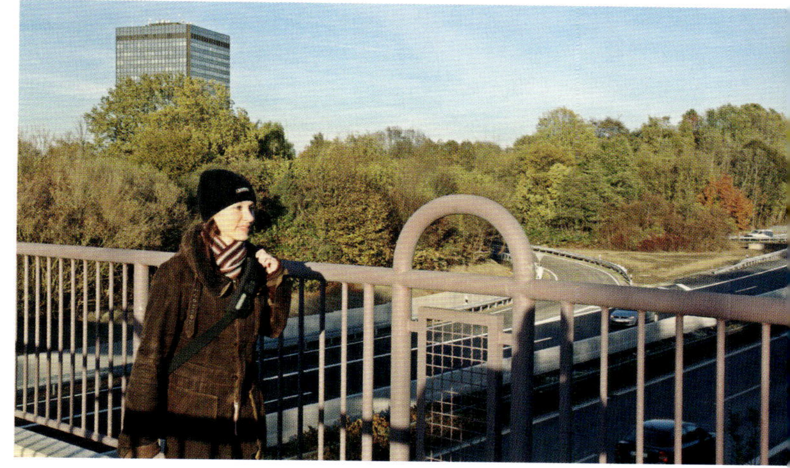

Am Oviedo-Ring mit Bomin-Haus

mit der Industrialisierung die Bevölkerungszahl sprunghaft an. Heute erstreckt sich der Stadtteil von Ehrenfeld südlich des Zentrums in mehreren ansteigenden Geländewellen über Brenschede bis an die Grenze zu Stiepel.

Kurz vor Ende der **Borgholzstraße** rechts in die kleine Grünanlage („Kuhwiese“) und nun leicht absteigend zur **Wiemelhauser Straße**, die vor dem Bau von Königsallee und Universitätsstraße die Hauptverkehrsstraße von Bochum Richtung Süden war. Weiter abwärts zuerst die stillgelegte Bahnstrecke unterqueren, dann den Nordhausen-Ring. Früher war er das wenig befahrene Endstück der NS VII, doch ist er seit Anbindung über den Oviedo-Ring zur A 40 stark befahrene Umgehungsstraße geworden. Sofort danach links in einen kleinen Fußweg, der zur Königsallee leitet – dabei schon im Blick ist das hoch aufragende **Bomin-Haus**, das 1974/75 für einen Bochumer Mineralölgroßhändler (daher auch der Name) erbaut wurde. Der glasverkleidete Büroturm mit seinen 20 Etagen zählt zu den höchsten Gebäuden der Stadt und wird von der Knappschaft genutzt. Gegenüber findet man die Wohlfahrtstraße, und rechts davon stehen die Bauten des ehemaligen **Konsumvereins „Wohlfahrt“**, wo heute ein moderner Büropark ist. Quasi dahinter anschließend liegt die traditionsreiche Maschinenfabrik Eickhoff, deren Produkte weltweit im Bergbau und bei der Fördertechnik zu finden sind.

i Die Genossenschaftseinrichtung Konsum Wohlfahrt wurde 1905 für die Bergleute gegründet. Dabei ging die Idee der Genossenschaften aus der Arbeiterbewegung hervor; so konnte man durch den Ankauf großer Warenmengen günstigere Preise erreichen und diese in den eigenen Geschäften an die Mitglieder weitergeben. Der Konsumverein Wohlfahrt hatte bald fast 15.000 Mitglieder und errichtete an der Königsallee 178/ Ecke Wohlfahrtstraße einen ganzen Gebäudekomplex mit Läden, Schlachterei, Bäckerei, Lagerräumen usw. Durch die Nazis enteignet, lebte der Verein nach dem Zweiten Weltkrieg noch einmal auf, bevor er 1961 in Konkurs ging.

Kurz der **Königsallee** Richtung Stadt folgen, dann biegen wir rechts ab, und an der katholischen Kirche vorbei, spazieren wir

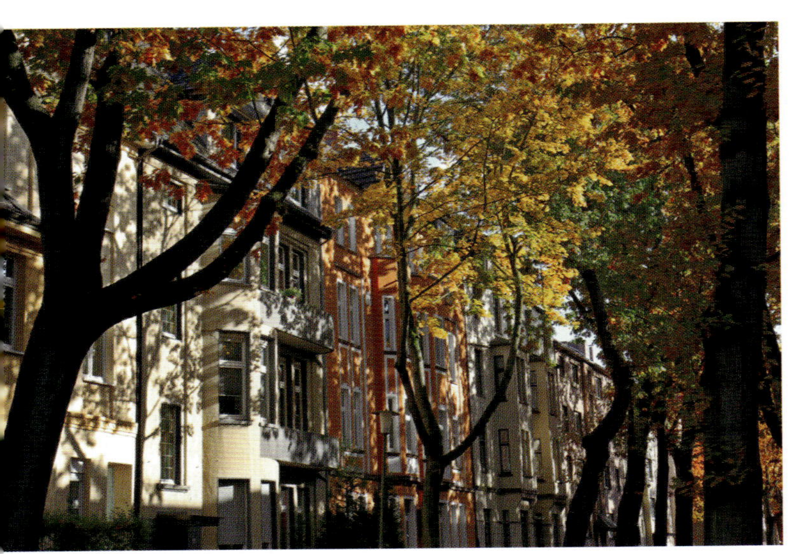

Hübsche Fassaden in Ehrenfeld

durch eine der ältesten Kleingartenanlagen Bochums. Dahinter schließt sich gleich der Trimonte-Park an, ein von Grünanlagen umgebener Dienstleistungspark mit Bürogebäuden. In den 1990er-Jahren begann man, ihn auf einer ehemaligen Industriebrache anzulegen. Dann kommen wir zur **Wasserstraße** am Wiemelhauser Friedhof. Seit 1917 gibt es auf dem Friedhof in einem Teilbereich auch einen Jüdischen Friedhof, der in den 1950er-Jahren erweitert wurde, als in der Innenstadt durch den Bau des neuen Hauptbahnhofs zwei ältere jüdische Begräbnisstätten verlegt werden mussten.

Der **Wasserstraße** links nach und hinter der Bahnunterführung rechts gelangt man über ein paar Treppen hinauf zur **Ostermannstraße**. Die ruhige Wohnstraße mit villenartigen Häusern endet am **Waldring**. Nun links, passieren wir gleich eine Schule. Sie wurde 1927–1930 als „Oberschule an der Königsallee“ erbaut, heißt seit 1937 Schiller-Schule und war wie damals üblich als reines Mädchen-Gymnasium konzipiert. Nur durch den Rechener Park getrennt baute man 1960 die entsprechende Knabenschule wieder auf, denn das Graf-Engelbert-Gymnasium von 1916 wurde im Krieg zerstört. In beiden gehen mittlerweile Jungen und Mädchen gemeinsam in den Unterricht.

Weiter dem **Waldring** nach, sehen wir links die Gebäude der Hauptverwaltung der Bergbauberufsgenossenschaft, von der u. a. das Klinikum Bergmannsheil betrieben wird. Die Berufsgenossenschaften entstanden in den 1880er-Jahren und waren die Träger der Unfallversicherung der Arbeiter. Kurz darauf nehmen wir an der Ecke **Hunscheidtstraße** den Fußweg durch den Rechener Park, überqueren anschließend die **Drusenbergstraße** und kommen hinein in einen Teil von Ehrenfeld, in dem sich an einigen Straßenzügen schöne Altbauten mit reizvollen Jugendstilfassaden entdecken lassen. Auf der **Yorkstraße** geht’s nun zum **Klinikum Bergmannsheil**.

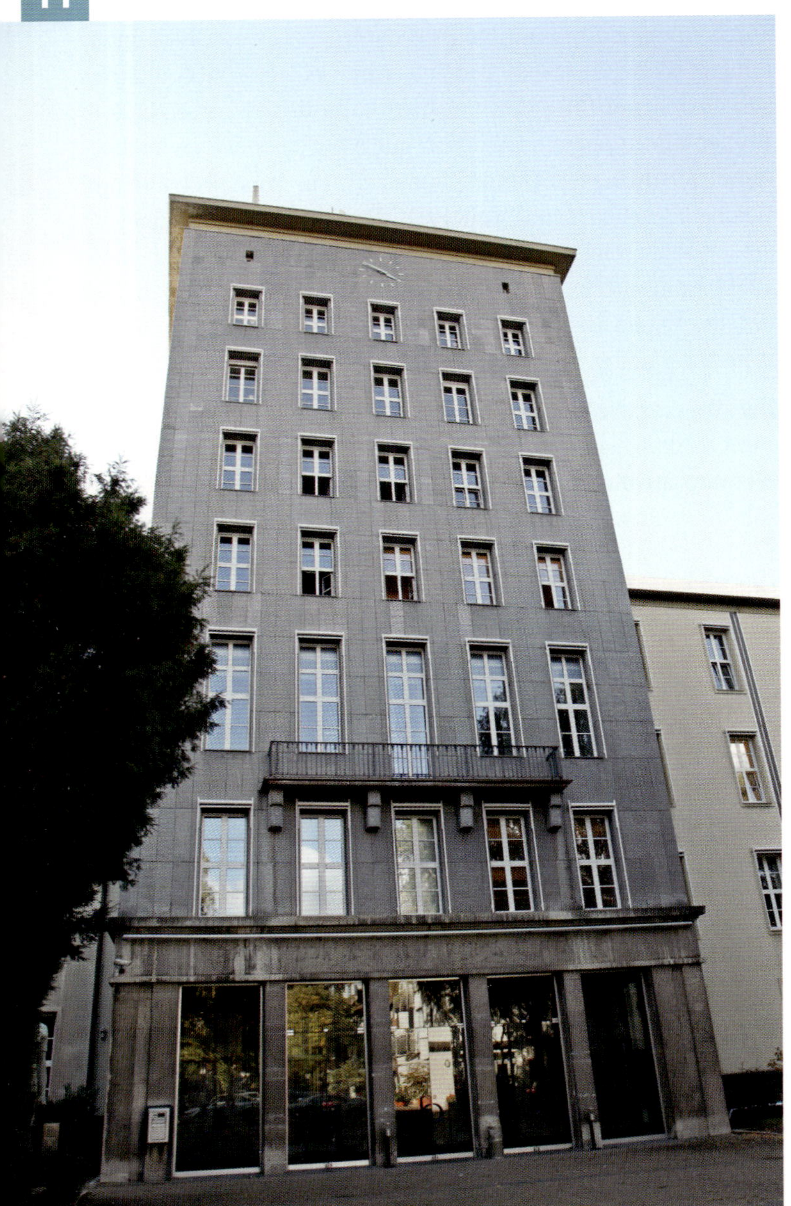

Knappschaftshaus an der Pieperstraße

Das Bergmannsheil war das erste Unfallkrankenhaus der Welt und zugleich das erste Krankenhaus für nur einen Berufsstand. Erste Gebäude errichtete man 1888 und 1390, immer wieder wurde das Krankenhaus erweitert, und längst steht es allen Kranken offen, egal welchen Beruf sie ausüben. Das heutige Berufsgenossenschaftliche Universitätsklinikum erstreckt sich auf einem großen Areal zwischen Hattinger-, Hunscheidt- und Yorkstraße und ist aufgrund der langen Erfahrung immer noch eine Spezialklink für Brandverletzungen.

Von der **Yorkstraße** anschließend rechts in die **Hugo-Schultz-Straße**, an der auf der linken Seite schon das auffällige Gebäude der früheren **Bundesknappschaft** zu sehen ist. Gleich darauf biegen wir links in die **Pieperstraße** ein.

Hier befand sich u. a. viele Jahre der Hauptsitz der Bundesknappschaft, die für die Renten- und Krankenversicherung der Bergleute zuständig war. Der Allgemeine Knappschaftsverein, wie er zuerst hieß (später Ruhrknappschaft, ab 1969 Bundesknappschaft mit Sitz der Hauptverwaltung in Bochum, nun Deutsche Rentenversicherung Knappschaft Bahn-See), organisierte bereits die Versicherung der Bergleute und erhielt 1910 sein repräsentatives Gebäude an der Pieperstraße, nachdem das frühere durch die immens zunehmende Zahl der Bergarbeiter nicht mehr den Ansprüchen genügte. Das imposante Bauwerk mit seinen zwei Türmen, Balkon und Auffahrt war damals das größte der Stadt und spiegelte die enorm große Bedeutung des Bergbaus wider. Bis 1952 wurde das schlichtere Gebäude errichtet, wie es heute noch steht, nachdem der Vorgängerbau im Krieg zerstört worden war.

Zum Schluss der **Wilhelm-Stumpf-Straße** entlang zur **Königsallee** und zum **Schauspielhaus**, dem Ziel dieser Stadtwanderung.

Auf den Spuren von Kohle und Stahl

Im Nordwesten von Bochum begeben wir uns auf Spurensuche nach Relikten aus der Zeit von Kohle und Stahl – und wandern dabei meist im Grünen. Die Museumszeche Hannover, die alte Erzbahntrasse und die Kolonie Dahlhauser Heide sind Wegpunkte dieser Runde in Hofstede und Hordel.

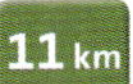

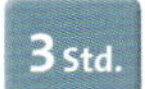

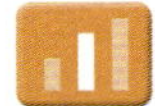
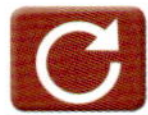

Start u. Ziel:
Poststraße/ Gemeindestraße, 44809 Bochum

Bus/Bahn:
Bus 388 bis Haltestelle „Wenge Wiese", dann wenige hundert Meter zum Ausgangspunkt

Wegbeschaffenheit:
meist befestigte Gehwege; ohne merkliche Anstiege; für Kinder geeignet

Wegbeschreibung

An der Unterführung von der **Poststraße** rechts in die **Gemeindestraße**. In der Kurve geradeaus dem Fußweg nach, der am Rand der Grünanlage vorbei an der kleinen Halde (rechter Hand das Hannibal Einkaufscentrum) und kurz rechts zur **Dorstener Straße** leitet. Dort über die Ampel; jetzt der **Dorstener Straße** ein Stückchen links nach, dann biegen wir gleich rechts ab in einen Weg, der am Rand der Häuser weiter bis zur **Hordeler Straße** führt, wo wir vis-à-vis hinein in die Parkanlage am Fuße einer Wohnsiedlung kommen.

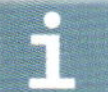

Der Grünzug Nord verläuft als Naherholungsraum von Grumme über Hofstede und Hordel bis nach Wattenscheid und entstand bereits in den 1920er-Jahren nach Plänen des damaligen Sied-

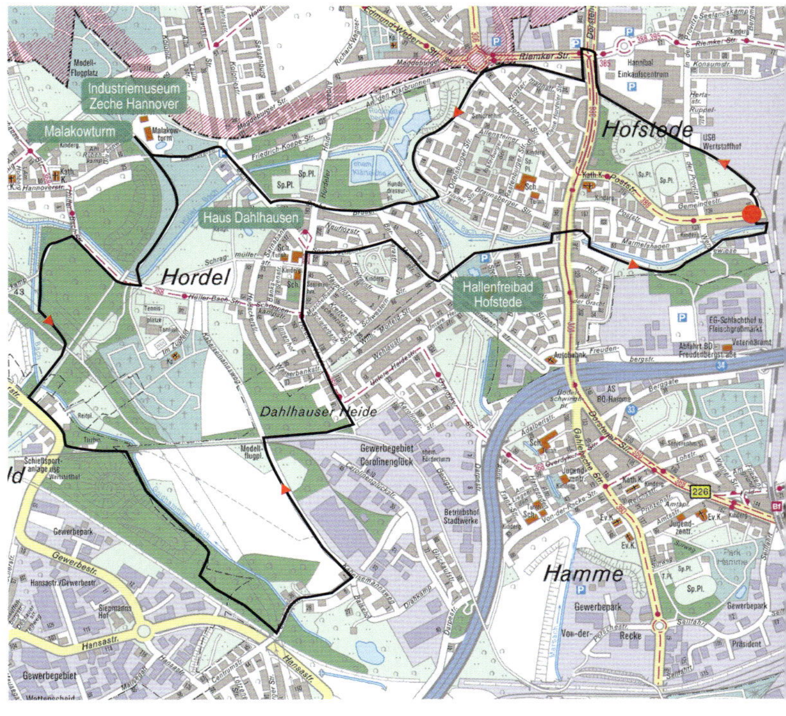

lungsverbands Ruhr (heute Regionalverband Ruhr). Dabei engagierte sich auch die Leitung der Zeche Hannover. So wurde u. a. schon früh damit begonnen, die Abraumhalden zu begrünen.

Am Haldenhügel und am Teich vorbei, danach am ersten Abzweig rechts überqueren wir den Hofsteder - und den Marbach und kommen in Hordel zur **Bergmannskolonie Dahlhauser Heide**, Bochums bekanntester Arbeitersiedlung. Der Weg geht in die **Sechs-Brüder-Straße** über, die direkt zum Haus Dahlhausen zieht. Es war das Haupthaus des einstigen Rittergutes, auf dessen Ländereien die Siedlung errichtet wurde. Von dort weiter über die **Berta**- und die **Hannoverstraße** zur **Zeche Hannover**, die uns schon mit ihrem Malakowturm begrüßt und seit 1981 ein Standort des Westfälischen Industriemuseums ist.

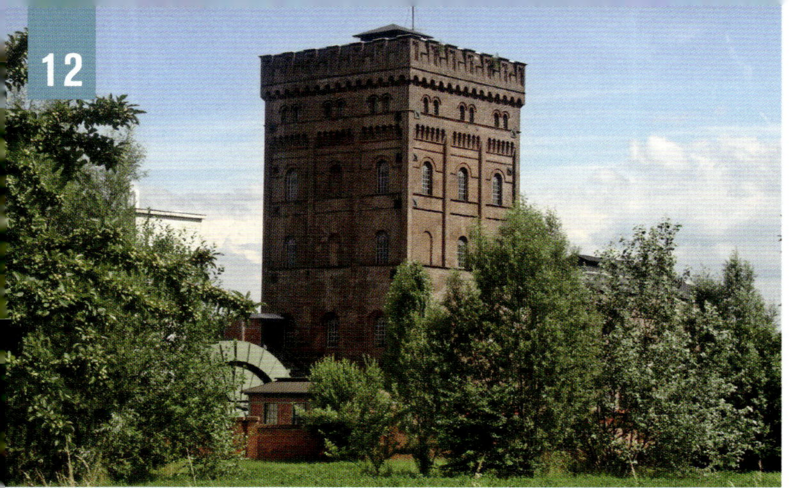

Malakowturm der ehemaligen Zeche Hannover

März 1973: Mit der Zeche Hannover (im Verbund mit Hannibal) schloss in Hordel das letzte Bergwerk in Bochum - damit war man die erste bergbaufreie Stadt des Reviers, und aus vielen Fenstern hingen schwarze Fahnen. Noch 1929 war Bochum mit 74 Schachtanlagen die zechenreichste Stadt in Europa. Die ehemalige Krupp-Zeche Hannover mit der damaligen Doppelförderturmanlage (ab 1856 erbaut) gehörte zu den ersten frühen Großzechen und war bergbautechnisch wegweisend. Zu besichtigen ist heute u. a. die älteste Doppelkolben-Dampffördermaschine (von 1893, noch am Originalstandort) des Ruhrgebiets. Auch toll: Im Kinderbergwerk „Zeche Knirps“ kann der Nachwuchs - ausgerüstet mit Helm und Arbeitshemd - nachspielen, was in einer Zeche so vor sich geht.

Von der Zeche nun das kleine Stück zurück Richtung **Hannoverstraße**, wo wir uns bis auf weiteres dem Wanderzeichen „Kreis“ anschließen. Geradeaus durch den Park am Hüller Bach und anschließend in die **Hüller-Bach-Straße**. Von dort links durch den Wald bis vor den Goldhammer Bach. Ginge man noch ein Stück weiter (Am Blumenkamp), käme man zum mit 43 m ü. NN tiefsten Punkt Bochums, nämlich direkt unterhalb der ehemaligen **Erzbahntrasse**. Wir biegen vor der Brücke über den Bach links in den Fußweg ein, der uns (mit „Kreis“) ebenfalls zur Erzbahntrasse führt und vor ihrem Damm links einschwenkt. Dann unterqueren wir die Trasse, die einmal die so wichtige Verbindung für das Stahlwerk Bochumer Verein zum Grimberg-Hafen am Rhein-Herne-Kanal war (siehe Tour 4). An der **Blücherstraße** links und wenig später wieder links, entlang der kleinen begrünten Halde neben dem Goldhammer Bach. Durch den Wald zur **Centrumstraße** („Kreis“), dort links zum **Kabeisemannsweg**, der wiederum links zum Modellflugplatz Klub Otto Lilienthal führt. Dort rechts (an der Erzbahntrasse) gelangen wir zurück zur **Dahlhauser Heide**.

In der Dahlhauser Heide entstanden 1907 bis 1915 im Stil einer Gartenstadt 715 Beamten- und Arbeiterwohnungen für die zuwandernden Arbeitskräfte der Zechen Hannibal und Hannover, meist in Zweifamilienhäusern mit dazugehörigem Gartenland – was der Siedlung den Beinamen Kappeskolonie bescherte. Mit zwei eigenen Konsumanstalten, der Bierhalle, den beiden Kindergärten und Schulen vermittelte das Ganze einen geradezu dörflichen Charakter.

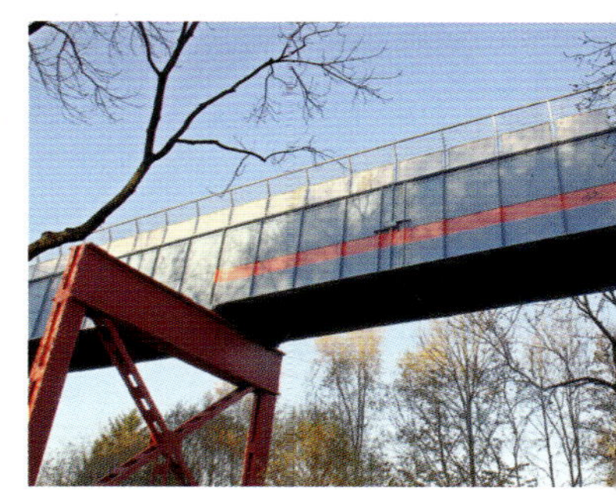

Brücke der Erzbahn

Die Straße **Hordeler Heide** führt uns ins Zentrum der früheren Bergarbeiterkolonie und vorbei am sogenannten Beamtenplatz, an dem einst die leitenden Angestellten der Zeche wohnten. Hier rechts (ohne „Kreis“) in die **Sonnenscheinstraße** mit dem kleinen zentralen Park und dem Spielplatz, dann rechts in die **Mathildenstraße**. Am Ende links in den Fußweg, der am Schwimmbad vorbei (Hallenfreibad Hofstede) wieder in die Parkanlage am Hofsteder Bach führt. Nahe der großen **Dorstener Straße** überqueren wir dann den Bach und kommen mit „B im Kreis“ meist am Bach entlang zurück zum Ausgangspunkt.

Auf grünen Wegen zu „klassischen“ Ecken

Von Grumme aus besuchen wir einige Bochumer Klassiker. So stehen u. a. das Bergbaumuseum und der Stadtpark mit den prächtigen alten Villen rundum wie auch die Villa Marckhoff mit dem Museum Bochum auf dem Programm. Etwas weniger bekannte Klassiker wie „das Jupp“ oder die zweitälteste Kleingartenanlage Bochums runden das Ganze ab.

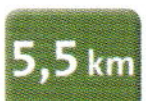

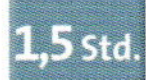

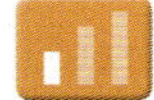

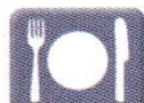

Start u. Ziel:
Agnesstraße, 44791 Bochum

Bus/Bahn:
U 35 bis Haltestelle „Feldsieper Straße“

Wegbeschaffenheit:
befestigte Park- und Gehwege; ein leichter Anstieg; für Kinder geeignet

Wegbeschreibung

Von der **Agnesstraße** führt Wanderzeichen „Raute“ sofort in die Schmechtingwiese, wie der kleine Park hier schlicht genannt wird. Anschließend durch die Kleingartenanlage, endet der Weg gegenüber der großen Wiese am **Europaplatz** direkt vor dem **Bergbaumuseum**.

Das Museumsgebäude von 1930 stammt von Fritz Schupp, nach dessen Entwürfen auch die Tagesanlagen von Zollverein XII (Weltkulturerbe) im Stil der Neuen Sachlichkeit entstanden. Das größte und bedeutendste Bergbaumuseum der Welt erhielt 2010 mit dem „Schwarzen Würfel“ einen Anbau für Sonderausstellungen. Auch das Fördergerüst mit der Aussichtsplattform kam erst später, nämlich in den 1970er-Jahren

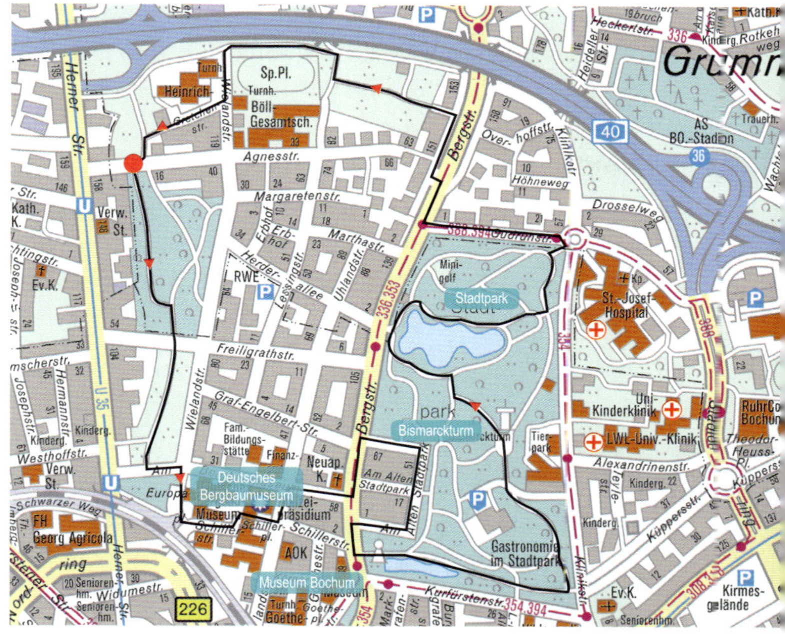

von der ehemaligen Zeche Germania in Dortmund hierher – längst ist es ein Wahrzeichen Bochums, und schon damals waren die Aufbauarbeiten ein viel beachtetes Ereignis.

Die „Raute“ führt anschließend rechts am Museum vorbei weiter zum **Schillerplatz**. Links (ohne „Raute“) in die **Uhlandstraße**, steht dort der beeindruckende Backsteinbau des Polizeipräsidiums, und wir biegen gleich wieder rechts ein (**Am Bergbaumuseum**). Die Straße wird gesäumt von sehenswerten Gründerzeithäusern und endet an der **Bergstraße**, früher eine wichtige Verbindungsstraße zwischen Bochum und der vormals selbständigen Gemeinde Grumme. Wir machen nun einen kleinen Schlenker, um uns die schönen alten Villen an der Straße **Am Alten Stadtpark** anzusehen, die die damals großbürgerliche Seite der Stadt zeigen. Dazu links in die **Bergstraße** und beim zweiten Abzweig rechts, spazieren wir im Bogen an den repräsentativen Häusern vorbei zurück zur **Bergstraße**. Jetzt kurz links und der Eingang zum **Stadtpark** ist erreicht, dem schräg gegenüber das **Museum Bochum** steht.

i

Am 30. April 1960 wurde die städtische Kunstgalerie gegründet, die in die prächtigen Räume der wiederhergestellten Villa Marckhoff einzog. 1970 in „Museum Bochum" umbenannt, kann man dort vor allem Moderne Kunst nach 1945 finden, schon früh auch mit Werken osteuropäischer Künstler. 1983 erhielt es durch einen dänischen Architekten den vielgelobten Anbau.

Der altehrwürdige Stadtpark zählt zu den schönsten in NRW. 1876 angelegt, ist er der zweitälteste öffentliche Park im Ruhrgebiet. Vom Nordufer des ersten Teiches nun hinüber zum Stadtpark-Restaurant von 1913, in dem Generationen von Bochumer Tanzschülern ihren Abschlussball gefeiert haben. Danach passieren wir den Tierpark – wer in den 1960er-Jahren groß geworden ist, für den

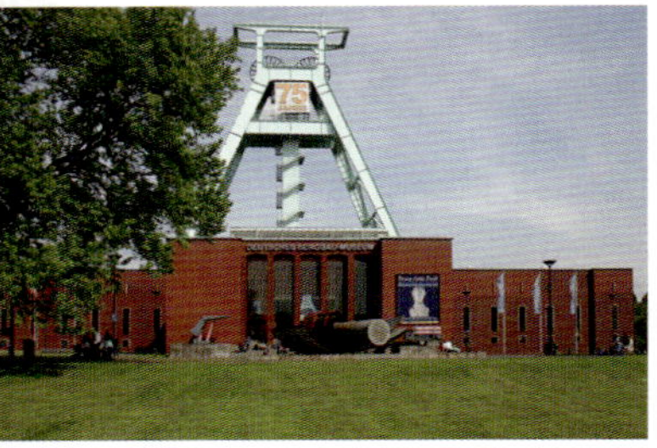

Am Bergbaumuseum

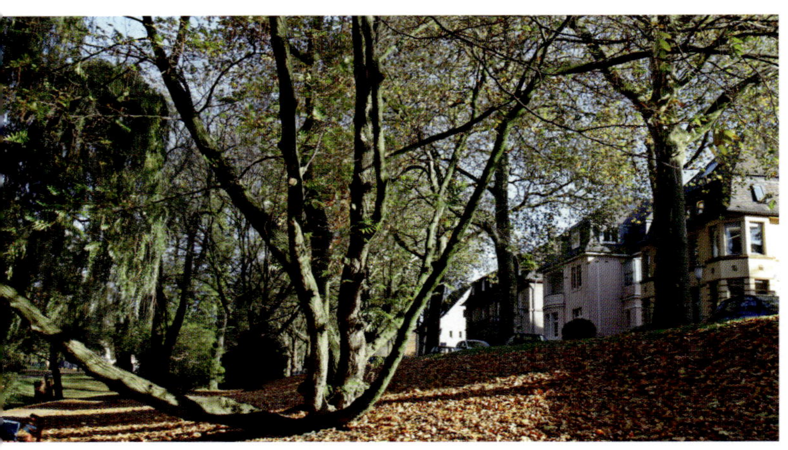

Prächtige Villen am Stadtpark

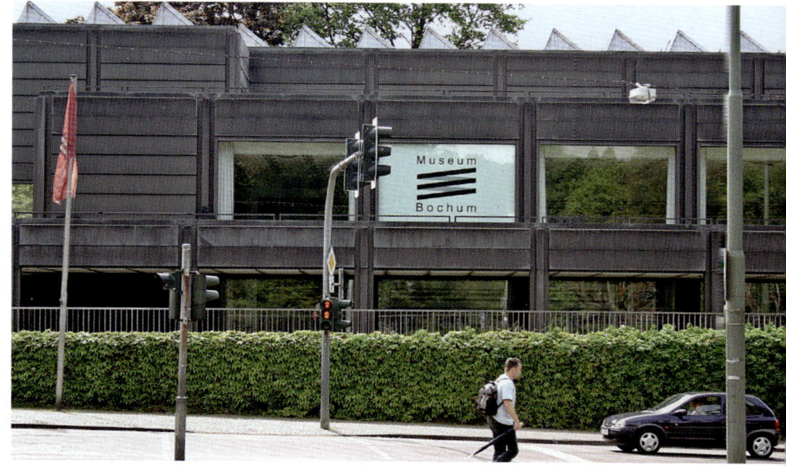

Museum Bochum – Erweiterungsbau von 1983

war damals der Besuch ein fester Bestandteil seiner Kindheit. Dann ist der 33 Meter hohe Bismarckturm von 1909 nicht mehr weit. Bald sind wir am zweiten Teich und verlassen nun den Park am Ausgang Ecke St.-Josef-Krankenhaus, umgangssprachlich „das Jupp“ genannt. Ebenfalls von 1909, bildet es heute angehende Mediziner der Ruhr-Uni aus. Beim Kreisverkehr biegen wir links in die **Gudrunstraße** ein.

Auch hier gab es ein großbürgerliches Villenviertel, das um 1900 entstand (erhalten sind z. B. Gudrunstraße 21, 11 und 9). Ins Auge fällt das Haus Diana (1926) oder der Carolinenhof, erbaut für den damaligen Generaldirektor der Constantin-Zechengesellschaft. Schon seit 1949 ist es Eigentum der Gesellschaft „Harmonie“ – gegründet 1817 zur Pflege kultureller und gesellschaftlicher Belange.

Am Ende der **Gudrunstraße** rechts in die **Bergstraße** und auf die andere Straßenseite wechseln, denn bald darauf halten wir uns links und gehen zunächst parallel zur Bergstraße weiter. Dabei nutzen wir die erste Möglichkeit, um links in die Klein-

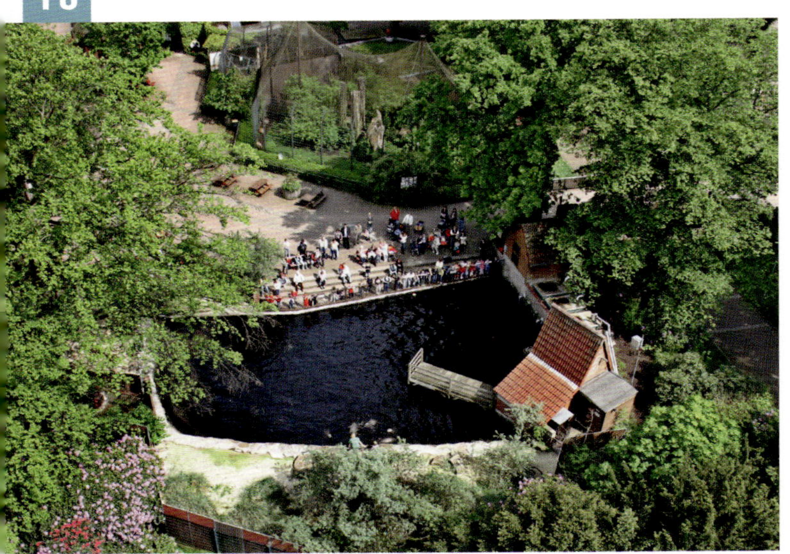

Blick vom Bismarckturm in den Tierpark

gartenanlage einzubiegen. Diese wurde bereits 1913 als zweitälteste Bochums angelegt und ist durch einen Damm von der Autobahn getrennt.

Der Ruhrschnellweg wurde 1924 ebenerdig angelegt und zerteilte dabei Grumme, das damals schon ein Stadtteil von Bochum war. Anfang der 1960er-Jahre erfolgte der Ausbau zur Autobahn in Damm- oder Einschnittlage, und in den 1980er-Jahren dann wurde (für 22 Mio. D-Mark) der „Grummer Deckel“ (weiter östlich) auf die A 40 gesetzt, d. h. sie verläuft dort unterirdisch.

Nun wieder mit Wanderzeichen „Raute“, kommen wir vorbei an den Sportanlagen der Heinrich-Böll-Gesamtschule. Sie hat nach und nach von 1984 an das traditionsreiche Freiherr-vom-Stein-Gymnasium (1865 bis 1990) und die benachbarte Realschule abgelöst. Das Schulgebäude aus den Jahren 1952 bis 1956 wurde damals als erster Neubau eines Bochumer Gymnasiums in der Nachkriegszeit errichtet und gilt als architektonisch sehens-

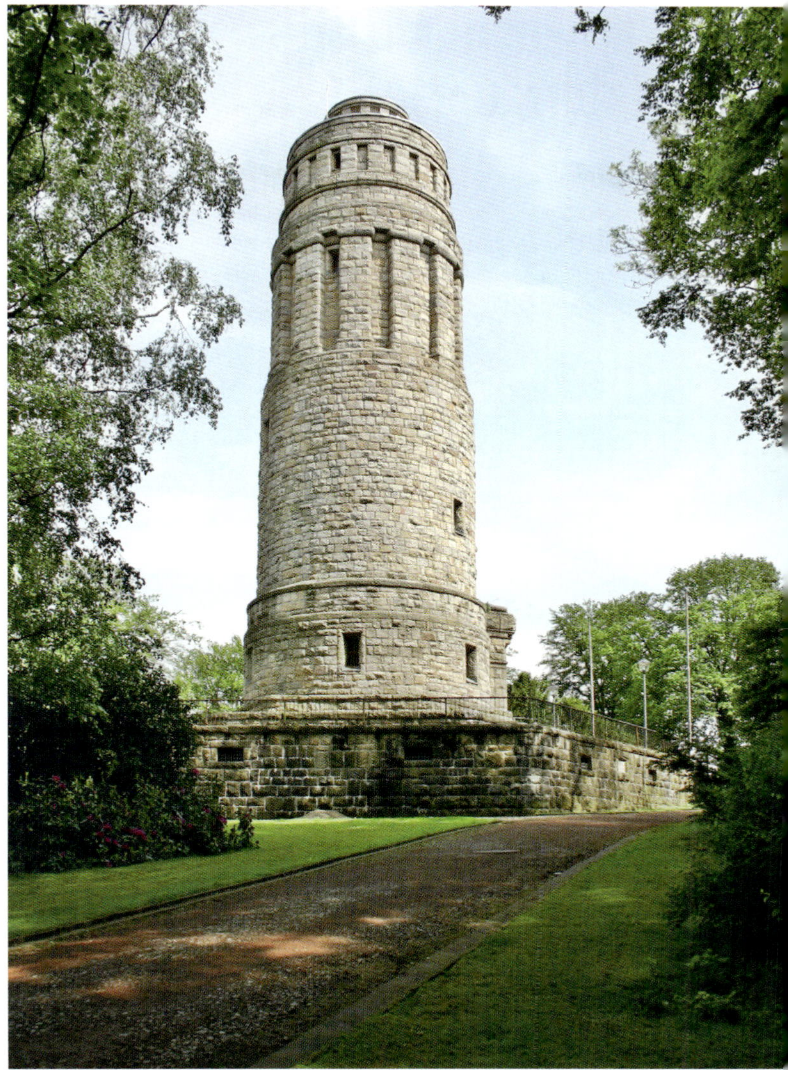

Im Stadtpark: der mächtige Bismarckturm

wert. Unter dem Sportplatz verbaute man Trümmerschutt aus dem Zweiten Weltkrieg. Zum Schluss geht's über die **Wieland-** und die **Gretchenstraße** zurück zur **Agnesstraße**.

Zu neuen und alten Naturräumen

Bei Harpen findet man neu entstandene neben klassischen grünen Oasen: Naturnah und romantisch präsentieren sich die Harpener Teiche auf ehemaliger Zechenbrache, und zu Füßen der früheren Mülldeponie Kornharpen verlaufen nun Wanderwege um den mächtigen Berg. Noch erhaltene bäuerliche Feldfluren und der als Ruheraum hoch geschätzte Hauptfriedhof in Altenbochum ergänzen die Eindrücke.

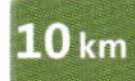

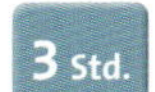

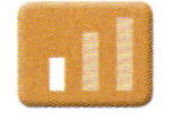
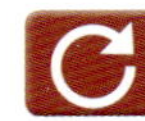

Start u. Ziel:
Parkplatz Werner Straße, zwischen Ruhr-Park und Werner Hellweg, 44894 Bochum

Bus/Bahn:
Bus 345 u. 364 bis Haltestelle „Arnoldschacht" oder Bus 355, 364 u. 366 bis Haltestelle „Auf dem Sporkel", kurzer Fußweg zum Ausgangspunkt

Wegbeschaffenheit:
befestigte Fuß- und Gehwege; ein leichter Anstieg; für Kinder geeignet

Wegbeschreibung

Vom Parkplatz nehmen wir rechts neben dem Hundeplatz direkt den Zugangsweg in die als Landschaftspark gestalteten Anlagen der **Harpener Teiche**. Da sie direkt an der Grenze zu Werne liegen, ist die Bezeichnung Werner Teiche genauso üblich – vor allem natürlich in Werne. Es geht hinab, und am ersten der idyllischen kleinen Gewässer sehen wir auch den großen eingezäunten Auslassstollen, über den sprudelnd das abgepumpte Grubenwasser der längst stillgelegten Zechen in den kleinen See gelassen wird, an dem zahlreiche Wasservögel nicht nur ein ideales Winterquartier finden. Wir wandern an den Teichen entlang

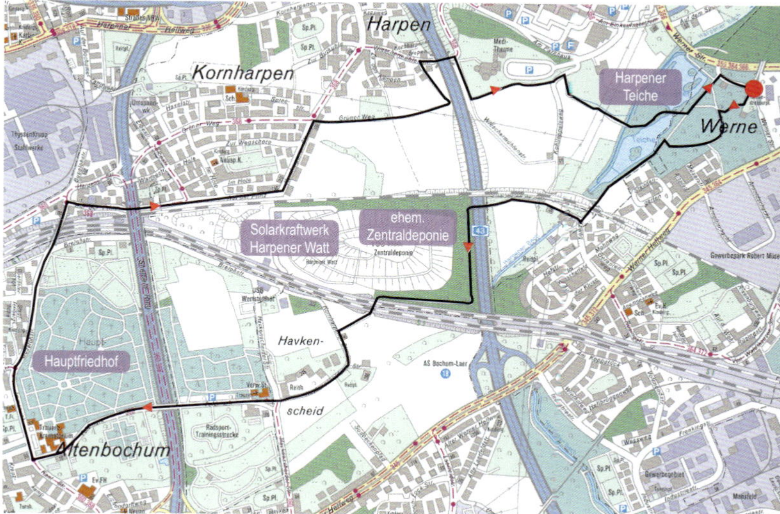

bis zum Ende, wo sich kurz vor dem Bahndamm der Harpener Bach nun weiter Richtung **Ümminger See** aufmacht.

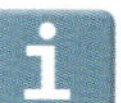

Sowohl der Ümminger See als auch die Harpener Teiche wurden einmal als Auflandungsteiche gebaut, denn die zahlreichen Bergwerke in der Umgebung leiteten ihre Grubenwässer und speziell die Abwässer der Kohlenwäsche mit einer großen Menge Feinkohle einfach in die Bäche. Mithilfe der Teiche sollte diese zurückgewonnen und das Wasser geklärt werden. Die Harpener Teiche, die noch heute von Grubenwässern gespeist werden, weil nach wie vor unter Tage die sogenannte Wasserhaltung aufrechterhalten werden muss, entstanden auf der Brache der ehemaligen Großzeche Robert Müser. Lange hatte man das Gelände sich selbst überlassen. Inzwischen erinnert nur noch ein mit Büschen bepflanzter Hügel an die mächtige schwarze Halde, die bis in die 1980er-Jahre hinein hier stand.

Wir durchqueren den Fußgängertunnel und folgen der kleinen Straße **Rüpingsweg** nach rechts. Mit dem Schotterweg links neben dem Bahndamm kommen wir nun an Feldern vorbei zur Autobahn 43,

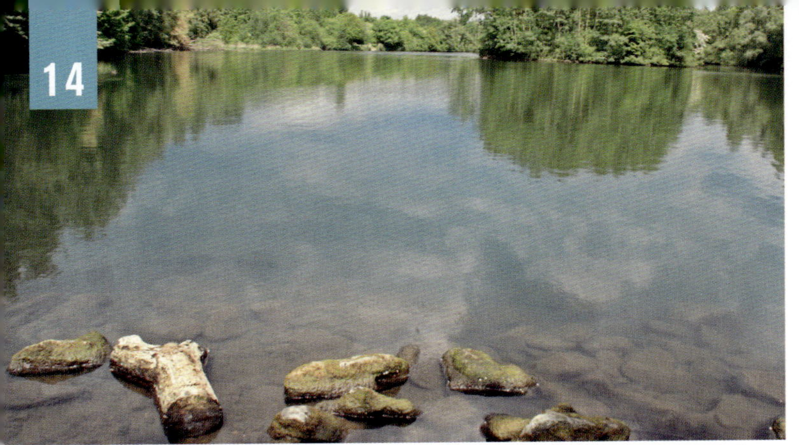

Idyllische Harpener Teiche

über die uns eine Brücke bringt. Anschließend links umrunden wir jetzt teilweise die ehemalige Mülldeponie, deren gewaltiger Hügel inzwischen vollständig abgedeckt ist. Wer hätte sich je vorstellen können, an der **Deponie Kornharpen** einmal spazieren zu gehen? Vor wenigen Jahren noch verband man damit Kolonien von Großmöven, üble Gerüche, Müllberge und Fahrzeuglärm. Inzwischen sorgt an der Südseite sogar eine großflächige Photovoltaikanlage des Solarkraftwerks Harpener Watt für „grünen“ Strom. Und vielleicht wird sie eines Tages wie anderswo auch für Spaziergänger freigegeben, und man kann von oben die Aussicht genießen. Wir wandern im Grünen entlang eines weiteren Bahndamms (u. a. Strecke der S1) am Fuße des „Berges“ weiter, bis wir links die Unterführung nutzen. Sofort wieder links, nun der **Kornharpener Straße** nach, bringt sie uns leicht aufwärts in die Felder von Havkenscheid, wo wir einen großen Reiterhof passieren.

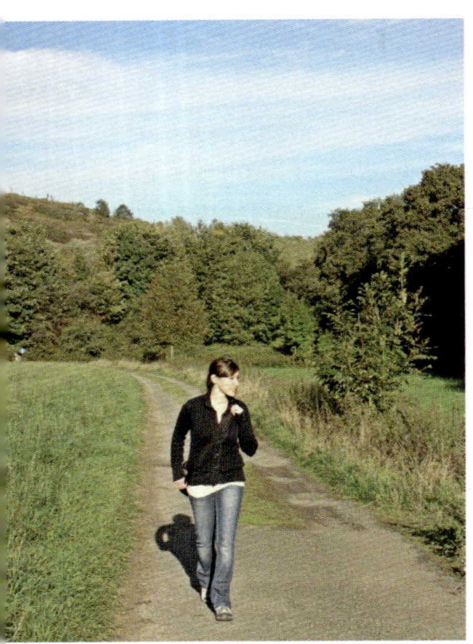

An der früheren Deponie Kornharpen

An der nächsten Kreuzung gehen wir geradeaus in die ruhige Straße **Feldmark** im heutigen Stadtteil Altenbochum – früher bezeichnete der Name die verstreut liegenden einzelnen Höfe und Kotten der Gegend. Ende des 18. Jahrhunderts wohnten dort lediglich rund 200 Menschen in gut 30 Häusern oder Höfen. Auch hier brachte die Industrialisierung Veränderungen, Altenbochum und Bochum wuchsen immer weiter zusammen, bis 1926 der Ort nach Bochum eingemeindet wurde. Rechter Hand der Feldmark erstreckt sich der neuere Teil des **Hauptfriedhofs Freigrafendamm**. In der Grünanlage zur Linken wurde eine Radsport-Anlage errichtet, in der man unbehelligt vom Straßenverkehr trainieren kann.

i

Der Hauptfriedhof befindet sich auf dem ehemaligen Havkenscheider Feld, der einstigen Kornkammer Altenbochums. In den 1920er-Jahren kaufte die Stadt Bochum die Ländereien auf zur Anlegung eines neuen Friedhofs. Die Friedhofsgebäude aus Ruhrsandstein von 1939 sind bis heute fast unverändert erhalten und spiegeln in ihrem Baustil den damals vorherrschenden Zeitgeist wider. In Teilen wurden sie in den 1990er-Jahren restauriert.

Der Straße **Feldmark** nach immer am Friedhof entlang und am Ende rechts. Vorbei an dem imposanten Eingangsportal geht

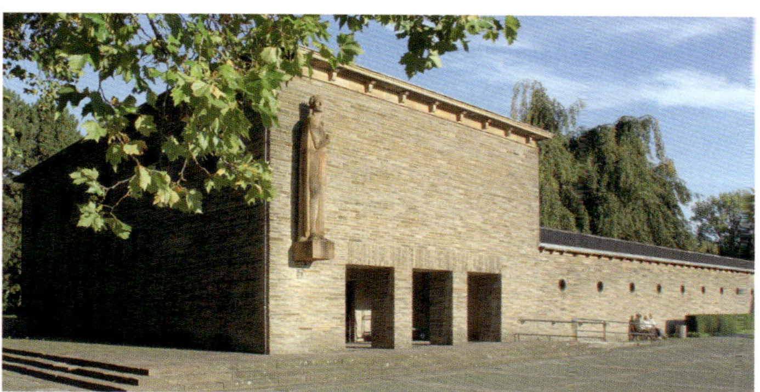

Am Hauptfriedhof

es nun der von alten Bäumen gesäumten **Immanuel-Kant-Straße** nach, die später in die **Buselohstraße** übergeht. Dabei wandern wir nach wie vor außerhalb längs des Friedhofs. Anschließend wird die Bahnlinie auf einer Brücke überquert und im Harpener Ortsteil Kornharpen angekommen, wenden wir uns an der Straßenecke rechts in die Straße **Auf der Prinz**. Hier stehen noch die ziegelroten alten Bergarbeiterhäuser der früheren **Zeche Caroline**, von der sonst keine Spuren mehr geblieben sind.

i Auf Zeche Caroline wurde 1856 mit dem Abteufen begonnen, und es dauerte bis 1873, bis man aus 351 m Tiefe zu fördern begann. Weitere, noch tiefere Schächte kamen hinzu, während die Belegschaft auf über 1000 Leute anwuchs. 1929 dann wurde Caroline mit anderen Zechen zur Großschachtanlage Robert Müser zusammengelegt.

Den Sheffield-Ring unterqueren und am Ende der „Prinz" links in die **Kornharpener Straße**. Von dort bald rechts in den **Grünen Weg**, der uns durch die Felder Richtung Autobahn und in einem Bogen zu einer Straße bringt. Nun rechts und ein Stück weiter durch die Unterführung, dann gleich wieder rechts dem Fahrweg nach (**Wieschermühlenstraße**) zurück ins Grüne, parallel zur Autobahn. Hier passieren wir das Areal der Medi-Therme, eine riesige Saunalandschaft auf dem Gelände des früheren Spaßbads Aquadrom. Wir biegen bei erster Gelegenheit links am Feld entlang ein. Erstaunlich wenig zu sehen ist vom riesigen **Einkaufszentrum Ruhr-Park** etwas oberhalb und gleich gegenüber, von dem wir fast nur das mehrstöckige Parkhaus durch die Bäume im Blick haben. Bei seiner Eröffnung Ende 1964 war das Einkaufszentrum das größte seiner Art in Europa. Am Ende des kleinen Fahrwegs kurz links, dann nehmen wir rechts den Parkweg, der uns zurück zu den Harpener Teichen bringt. Dabei passieren wir zwischen den beiden Holzbrücken den kleinen, bewachse-

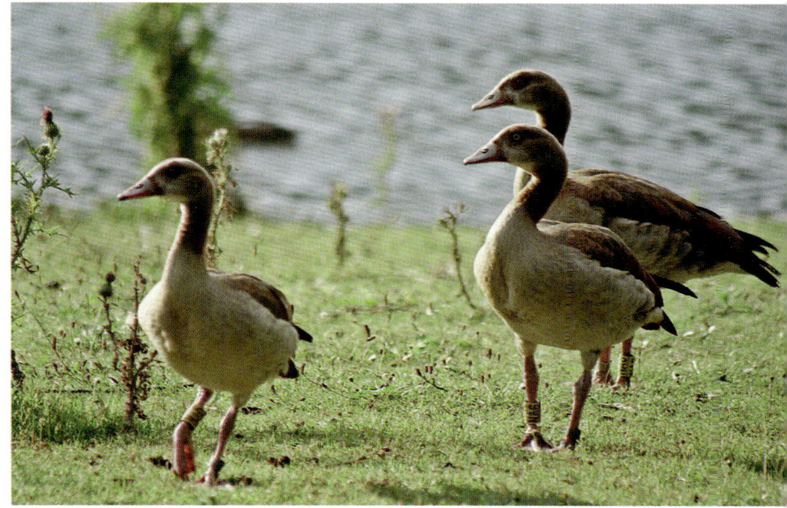

Nilgänse an den Harpener Teichen

nen Hügel, der vor der Renaturierung des Brachgeländes der **Zeche Robert Müser** eine riesige schwarze Abraumhalde war und Monte Schlacko genannt wurde.

Nicht weit weg vom Parkplatz Werner Straße steht nahe der Hauptfeuerwache am Werner Hellweg der 1990 unter Denkmalschutz gestellte 1928 erbaute Förderturm vom Schacht Arnold (Förderbeginn 1859) der Großschachtanlage Robert Müser, die 1929 durch die Zusammenlegung mehrerer Zechen (Heinrich Gustav, Caroline, Amalia und Prinz von Preußen) entstand. Sie war einst das industrielle Zentrum Wernes, nicht zuletzt auch silhouettenprägend durch den unglaublich gewaltigen roten Gasometer. 1968 stillgelegt, erinnert inzwischen fast nur noch das Fördergerüst daran – aber auch eine interessante Info-Tafel vor der Feuerwache (am Zugang Brandwacht).

Zum Schluss geradeaus entlang des Teichs zurück zum Ausgangspunkt.

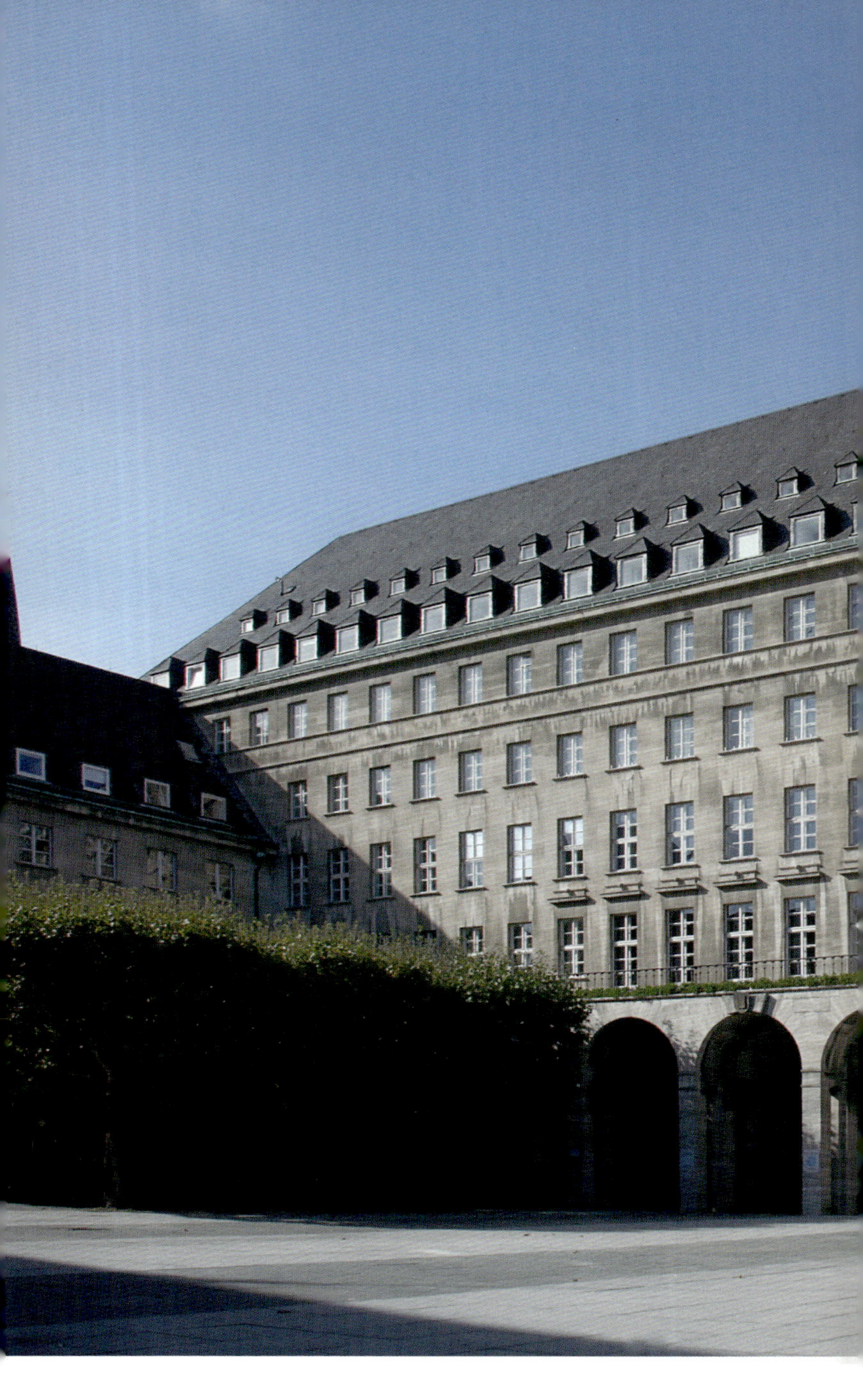

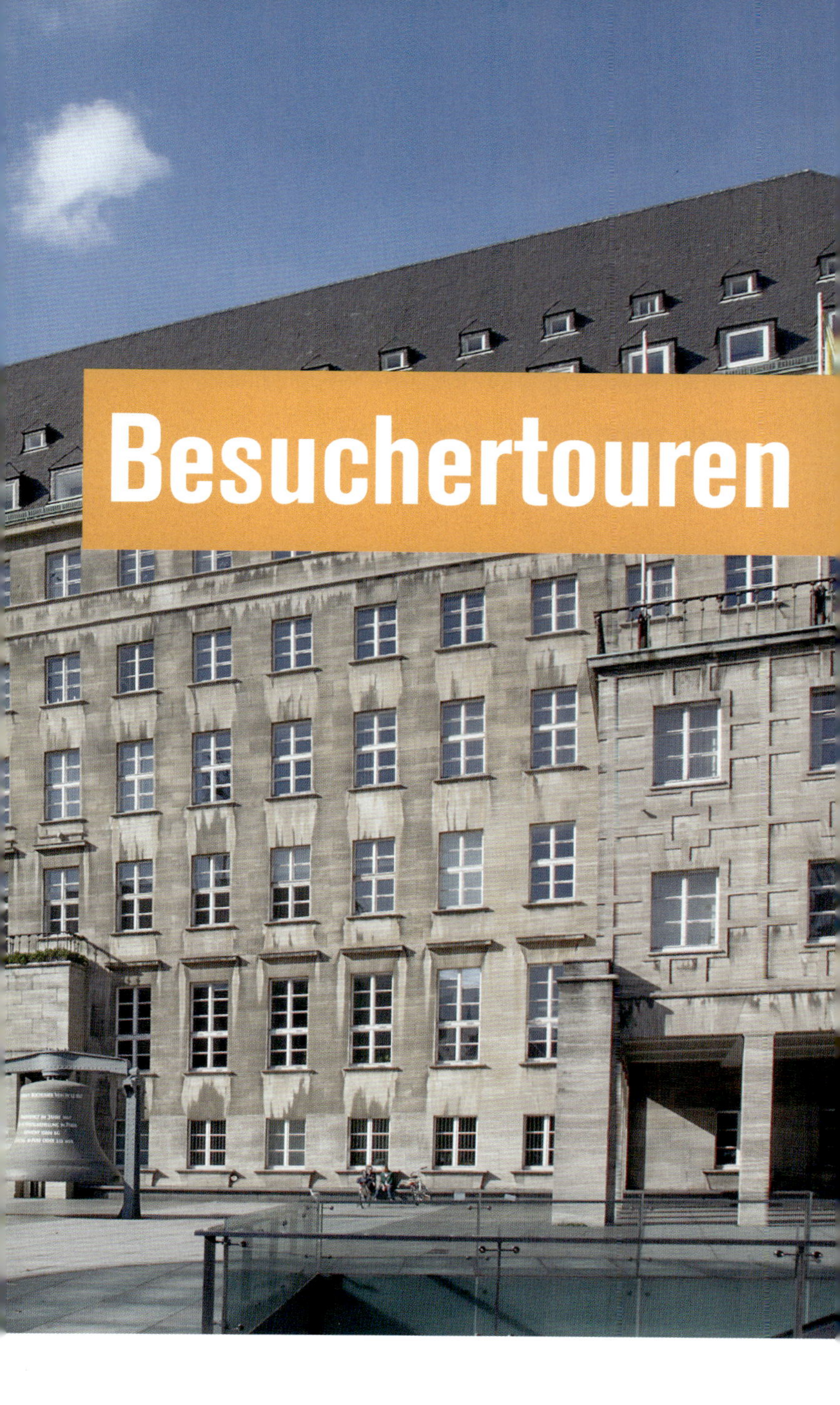
Besuchertouren

Tour 15

Ins Ruhrtal bei Stiepel

Bochum zeigt sich hier von einer der schönsten Seiten! Wir starten am Zisterzienserkloster und kommen wenig später in den Wald am Henkenberg. Dort treffen wir schon auf ein erstes traditionsreiches Ausflugslokal und steigen anschließend ins malerische Ruhrtal ab, um Historisches rund um die alte Schleuse Blankenstein zu entdecken. Höhepunkt ist dann die romantische Stiepeler Dorfkirche!

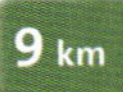

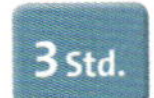

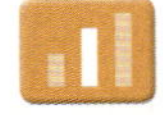

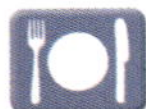

Start u. Ziel:
Parkplatz am Zisterzienserkloster, Am Varenholt, 44797 Bochum

Bus/Bahn:
Bus 349 oder 356 bis Haltestelle „Haarstraße“

Wegbeschaffenheit:
befestigte Wege und kleine Straßen; wenige schmale, auch steindurchsetzte Waldstücke und ein Abschnitt grobes Kopfsteinpflaster (Leinpfad); ein kürzerer und ein längerer Anstieg; für Kinder geeignet

Wegbeschreibung

Das **Zisterzienserkloster** in Stiepel, das 1988 als Neugründung des Stiftes Heiligenkreuz bei Wien erbaut wurde und 1990 eingeweiht werden konnte, ist Ausgangspunkt dieser Runde. Es präsentiert sich als moderner Neubau, in dessen Zentrum die **katholische Wallfahrtskirche** von 1914/15 steht.

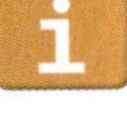

Dem Gotteshaus kommt überregional Bedeutung zu, setzt es doch die schon im Mittelalter entstandene Tradition der Marienwallfahrt nach Stiepel fort. Vor der Reformation pilgerte man zur Stiepeler Dorfkirche, in der sich ein erstes Gnadenbild befand, das dann aber wohl im 14. Jahrhundert verloren ging. „Die schmerzhafte Mutter von Stiepel“, eine Marienabbildung

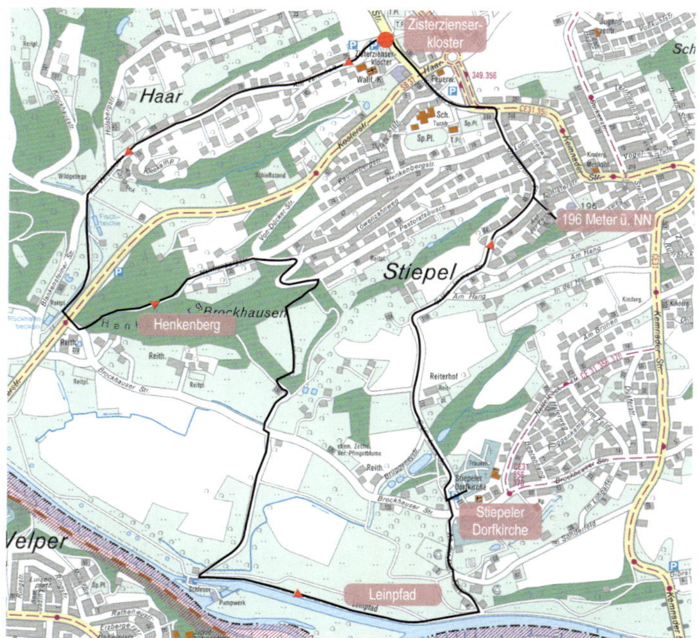

in Form einer Holzplastik aus dem frühen 15. Jahrhundert, fand erst nach etlichen Umwegen 1930 nach Stiepel zurück, um ihren Platz in der katholischen Kirche zu bekommen.

Vom Parkplatz am Kloster nun hinüber zur ruhigen kleinen Wohnstraße **Am Varenholt**, auf der es abwärts geht, vorbei an aufgelockerter Bebauung, die den Blick freigibt zum schönen Weitmarer Holz. Unten treffen wir auf die Landstraße (**Blankensteiner Straße**) und biegen links ein, um nach wenigen Metern die Straße gleich wieder nach links in einen Fußweg zu verlassen. Er bringt uns an Angelteichen vorbei nahe der Kosterbrücke an die große **Kosterstraße**. An der Ampel überqueren wir sie, und schon nach wenigen Metern zweigt links ein Pfad ab, der hinauf in den Wald am **Henkenberg** zieht.

Das Waldstück über der Ruhr bei Stiepel erscheint auf den ersten Blick wie ein natürlich gewachsener Wald, doch sieht man genauer hin, kann man die Anpflanzung noch an den teilweise in Reih und Glied stehenden Bäumen erkennen. Im Landschaftsschutzgebiet Henkenberg finden sich aber trotzdem Exemplare, die bereits 130 oder gar 150 Jahre alt sind. Meist handelt es sich um Eichen und Buchen, jedoch werden auch unbekanntere Arten wie Elsbeere und Speierling wieder angesiedelt.

Der zunächst in Kurven ansteigende schmale Waldweg mit einigen Stufen verläuft durch den Laubwald aufwärts zur **Henkenbergstraße**, an der neben wenigen von Wald umgebenen Häusern auch die Gastronomie „Am Henkenberg“ zu finden ist – eine echte Stiepeler Institution, in der schon Generationen von Stiepelern ihre Familienfeste feierten oder der man beim klassischen Sonntagsausflug zu Kaffee und Kuchen einen Besuch abstattete.

Wenig später quert die **Von-Dücker-Straße** unseren Weg: Wir biegen nach rechts ab, jetzt länger dem Wanderzeichen „Kreis“ nach. Es führt uns durch den Wald hinunter Richtung Ruhrtal. Zum Schluss ein Stück durch offene Landschaft, erreichen wir die **Brockhauser Straße**. Wer sich dafür interessiert, kann einen kurzen Abstecher zur ehemaligen Zeche Vereinigte Pfingstblume mit kleinem Museum machen: Dazu links etwa 300 Meter der Straße nach. Ohne Abstecher nehmen wir schräg gegenüber an einem einzelnen Haus vorbei den Weg geradeaus hinein in die Ruhrauen, die hier Die Ey genannt werden. An der alten **Blankensteiner Schleuse** stoßen wir auf den Schleusenkanal mit dem früheren Schleusenwärterhäuschen, während hinter der Schleuseninsel mit dem Pump-

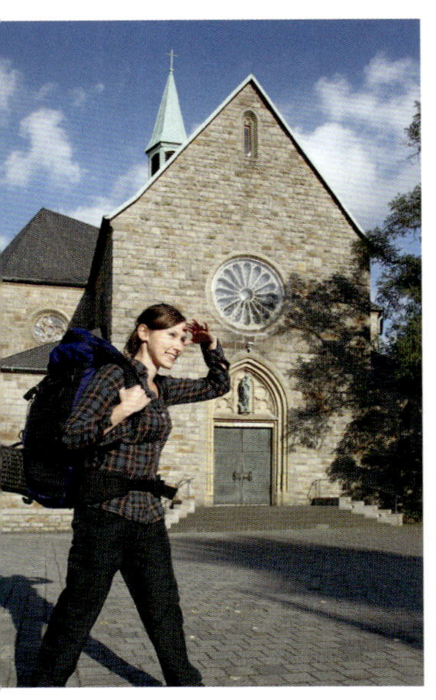

Wallfahrtskirche am Zisterzienserkloster

werk der Fluss an den Hängen unterhalb von Blankenstein vorbeizieht. Hier treffen wir zudem auf einen Abschnitt des historischen **Leinpfads**, der noch das alte Pflaster aus groben Bruchsteinen aufweist.

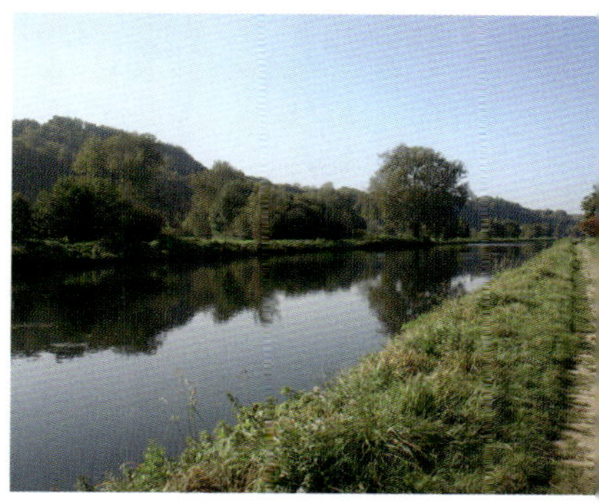

Auf dem historischen Leinpfad

Die Ruhr hatte zur Schiffbarmachung für den Transport von Gütern und speziell der Kohle von 1776 bis 1782 insgesamt 15 Schleusen zwischen Witten und der Mündung in den Rhein erhalten. Flussabwärts half die Strömung den Schiffen voranzukommen. Zurück jedoch mussten sie mit Hilfe von Pferdestärken auf dem Leinpfad gezogen werden. Eine teils umständliche Sache, weil der Uferweg hin und wieder die Flussseite wechselte und so auch die gewaltigen Zugpferde, meist Kaltblüter, hinüber befördert und neu angespannt werden mussten. Die sogenannten „Ruhraaken" (im Industriemuseum Zeche Nachtigall in Witten zu besichtigen) konnten ca. 150 bis 175 Tonnen laden und zeichneten sich durch geringen Tiefgang aus. In der Folge entwickelte sich die Ruhr zur meistbefahrenen Wasserstraße Deutschlands. Doch auf Dauer konnte man mit der Eisenbahn (1847 entstand bereits der erste Gleisabschnitt Überruhr – Steele) und der Kanalschifffahrt nicht mithalten. Nach ihrer Hochblüte um 1850 ging die Ruhrschifffahrt allmählich zurück und wurde 1892 oberhalb von Mülheim eingestellt.

Für den Weiterweg folgen wir dem historischen Leinpfad und gewöhnen uns allmählich an das holprige Pflaster. Hoch oben sieht man den Turm von Burg Blankenstein, in dem Bochum 1321 die Stadtrechte verliehen bekam. Seit 1922 gehört die Burg zu Bochum, auch wenn sie schon in Hattingen steht. In den Ruhrauen rückt das gern besuchte Ausflugslokal „**Zur Alten Fähre**" mit

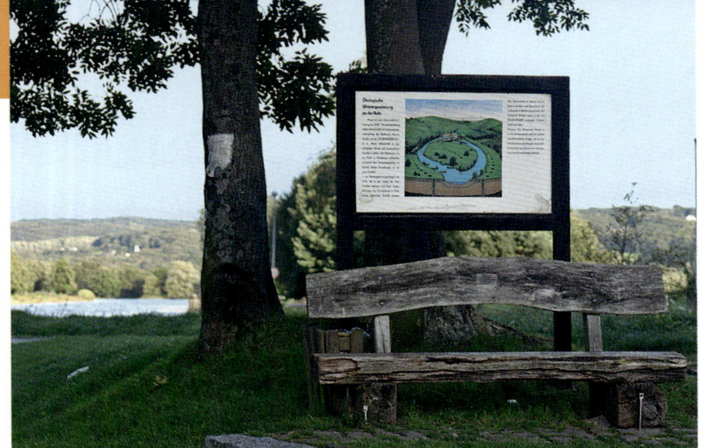

An der Ruhr bei Stiepel

großem Biergarten näher. Früher einmal verkehrte von hieraus die Fähre hinüber nach Blankenstein – auf der anderen Flussseite wurde das große Naturschutzgebiet Blankensteiner Feld eingerichtet. Würde man der Ruhr noch weiter folgen, käme man bald zum Kemnader See, und nicht weit weg ist auch die wunderschöne Wasserburganlage Haus Kemnade – zwei weitere Highlights von Bochum (siehe auch Tour 9). Wir verlassen aber am Gasthaus die Ruhrauen und nehmen am Campingplatz vorbei das Sträßchen **An der Alten Fähre** hinauf zur **Brockhauser Straße**. Gleich schräg gegenüber steht etwas oberhalb die kleine **Stiepeler Dorfkirche**, umgeben von einer Mauer, schönen alten Bäumen und dem historischen Kirchhof mit uralten Grabsteinen. Diesen Abstecher sollte man sich nicht entgehen lassen.

i

Die Ursprünge der Stiepeler Dorfkirche gehen zurück auf das Jahr 1008, als Gräfin Imma von Stiepel vom Kölner Erzbischof Heribert die Erlaubnis bekam, auf ihrem Hof ein Gotteshaus zu Ehren der Jungfrau Maria errichten zu lassen. Zum 1000-jährigen Bestehen erhielt die einstige Wallfahrtskirche ihre eigene Briefmarke. Das Erscheinungsbild der kleinen, 1567 reformierten Hallenkirche aus Bruchstein geht allerdings auf Umbauten des 12. und 13. Jahrhunderts zurück. Ein echtes Schmuckstück ist sie in ihrem Inneren mit den wertvollen Fresken des 12. bis

16. Jahrhunderts, die man erst 1952 wiederentdeckte und später restaurierte, einem uralten Taufbecken (14. Jh.) und einem spätgotischen Sakramentshäuschen (15. Jh.).

Anschließend geht's wieder durch das Tor und an der Gaststätte (Zum Wilhelmstein) rechts hinunter. Über den großen Parkplatz zur **Gräfin-Imma-Straße**, an der wir zunächst auf dem Fußweg spazierend an den von Bäumen beschatteten kleinen Teichen vorbeikommen, wo sich im Sommer gerne mal die Teenies ins kühle Nass gestürzt haben (eigentlich Modellwassersport-Teiche). Im leichten Bergauf passieren wir einen Reiterhof und folgen der Straße weiter hinauf Richtung **Stiepel**.

i

Die erste urkundliche Erwähnung Stiepels findet man 885; über Jahrhunderte haben Hof und Kirchspiel Stiepel, das aus mehreren Bauernschaften bestand, eine eigenständige Rolle gespielt, ja, es war sogar unabhängiger Gerichtsbezirk. Viel altes Bauernland im Besitz weniger Familien blieb erhalten, denn der Bergbau verlagerte sich früh weiter nach Norden. Die Stiepeler Hänge mit Ruhrblick gehören schon lange zu den exklusivsten Wohngegenden der Stadt, und auf so manchem Auto prangt der Aufkleber „Königreich Stiepel".

Die Straße führt durch die Felder stetig bergan und wird steiler, dafür mit herrlicher rückwärtiger Aussicht über das Ruhrtal und hinüber zur Burg Blankenstein. Langsam nähern wir uns der Bebauung, finden aber zuvor noch eine schöne Stelle mit Rastbank. Wer fast genau den höchsten Punkt Bochums (Kemnader Str. 302a) mit 196 Meter (ü. NN) plus tollem Blick erleben möchte, macht einen kurzen Abstecher: rechts abbiegen (**Ministerstraße**) und gleich wieder nach rechts (**Lupinenweg**). Zurück auf der **Gräfin-Imma-Straße**, bringt sie uns zum Schluss zur **Kemnader Straße**, in die wir links einbiegen. Weiter zur **Kosterstraße**, die wir an der Ampel überqueren. Geradeaus geht's zurück zum Kloster. Im nahen Restaurant „Klosterhof" wird übrigens österreichische Küche serviert.

Tour 16

Bochum kompakt

Ein bisschen von dem, was Bochum ausmacht, kann man bei dieser Wanderung durch die Innenstadt entdecken. Am Bergbaumuseum geht es los, und Ziel ist das Schauspielhaus. Dazwischen liegen etliche interessante Wegpunkte, die zur Bochumer Stadtgeschichte einfach dazugehören. Viel Spaß beim Entdecken!

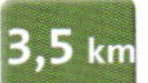

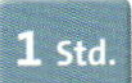

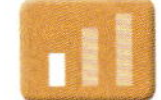
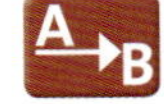

Start:
Bergbaumuseum, Europaplatz, 44791 Bochum

Ziel:
Schauspielhaus, Königsallee/ Oskar-Hoffmann-Straße

Bus/Bahn:
U 35 bis Haltestelle „Deutsches Bergbaumuseum"; Rückfahrt: U 308/318 ab Haltestelle „Schauspielhaus" bis „Hauptbahnhof", hier ggf. umsteigen in die U 35

Wegbeschaffenheit:
befestigte Gehwege; kaum Höhenunterschiede; für Kinder geeignet

Wegbeschreibung

Wir starten am weltbekannten **Bergbaumuseum**, und wer Lust hat, kann sich Bochum gleich einmal von oben ansehen, denn von der Plattform des Fördergerüsts auf 60 m Höhe bietet sich eine wunderbare Aussicht (nur mit Eintrittskarte).

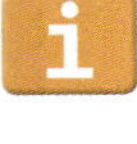

Nach Entwürfen des namhaften Essener Industriearchitekten Fritz Schupp wurde das Museum 1930 errichtet (von Schupp sind u. a. auch die Tagesanlagen auf Zeche Zollverein VII). Der Förderturm, ein Wahrzeichen Bochums, kam allerdings erst in den 1970er-Jahren hierher. Das größte und bedeutendste Bergbaumuseum der Welt präsentiert eindrucksvoll die Geschichte des Bergbaus weltweit. Besonders spannend ist das unterirdi-

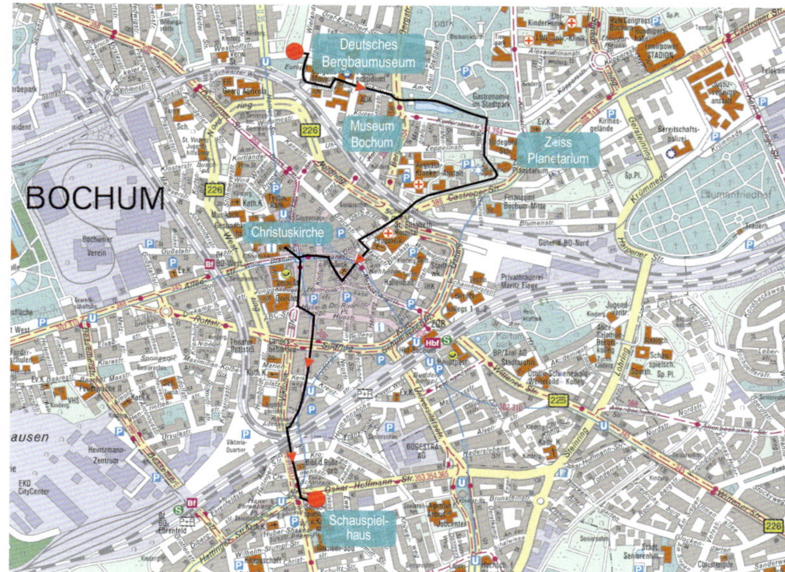

sche, 2,5 km lange Streckennetz des Anschauungsbergwerks, in dem man unter beinahe realistischen Bedingungen den Abbau der Kohle erleben kann. Raum für Sonderausstellungen bietet der 2010 eröffnete Anbau in Form eines schwarzen Würfels.

Vom Bergbaumuseum bringt uns das Wanderzeichen „Raute“ über die **Schillerstraße** zur **Bergstraße**. Hier sind wir gleich am **Museum Bochum**, das in der ehemaligen Villa Marckhoff zu Hause ist und vor allem Moderne Kunst nach 1945 zeigt. 1983 erhielt es durch einen dänischen Architekten einen viel gelobten modernen Anbau. Gegenüber geht's geradeaus in den **Stadtpark**. Für uns Bochumer hat ein Ausflug dorthin seit Generationen Tradition – zum Bötchenfahren, um in den Tierpark zu gehen oder zum Flanieren. Hier kann man je nach Lust und Laune entweder nur am Teich vorbeispazieren und den Park rechts haltend wieder verlassen (mit Markierung Raute) oder aber eine größere Runde machen und dabei z. B. am Bismarckturm erneut die Gelegenheit nutzen, die schöne Aussicht zu genießen.

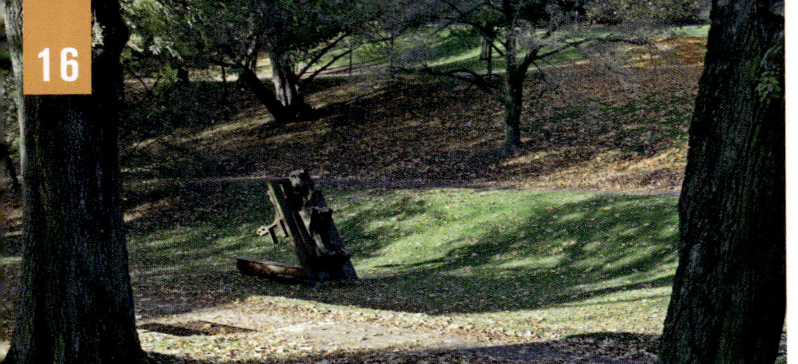

16

Herbststimmung im Stadtpark

Er ist der zweitälteste öffentliche Park im Ruhrgebiet, ja, gehört zu den ältesten städtischen Gartenanlagen Deutschlands und wurde bereits 1876 nach dem Vorbild eines englischen Landschaftsgartens für damals gerade einmal 28.000 Einwohner angelegt. Nach Erweiterungen (zwischen 1893 und 1905), bei denen auch die beiden Teiche entstanden, umfasst der Stadtpark samt Tierpark rund 300.000 qm. 1909 wurde an erhabener Stelle der 33 m hohe Bismarckturm errichtet, der zu den zehn höchsten seiner Art zählt. Einkehren kann man im 1913 errichteten Stadtpark-Restaurant, in dem üblicherweise seit Jahrzehnten Bochumer Tanzschüler ihren Abschlussball feierten.

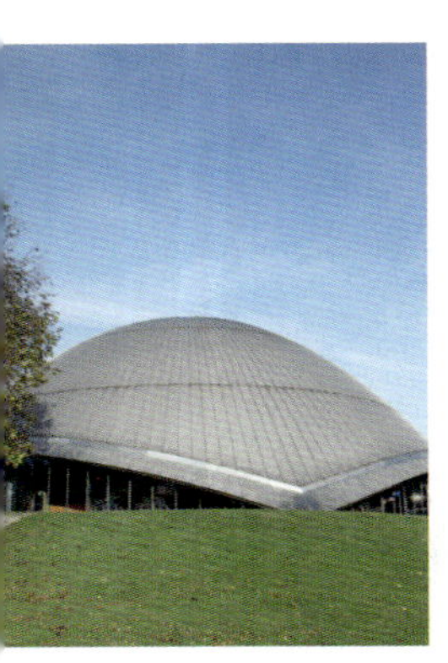

Planetarium an der Castroper Straße

Gegenüber dem Parkausgang in die **Lorenz-Rebbert-Allee** (mit „Raute“); linker Hand die Hildegardis-Schule: Das Gymnasium, das bis Mitte der 1980er-Jahre eine reine Mädchenschule war, wurde umgangssprachlich unter den Schülern der Stadt „Kloster am Berg“ genannt. Nun weiter zur nahen **Bochumer Synagoge** und gleich danach zum Zeiss Planetarium, das bereits 1964 eröffnet wurde. Seit 2010 ist es mit dem FullDome- oder Ganzkuppel-Videosystem ausgestattet: Es füllt die gesamte Kuppel mit einem digitalen, bewegten Bild, gilt als Weltneuheit und ist wahrlich beeindruckend.

Seit 2007 gibt es am Erich-Mendel-Platz neben dem Planetarium wieder eine Synagoge. Die Jüdische Gemeinde Bochum-Herne-Hattingen zählt inzwischen über 1200 Mitglieder, auch wegen vermehrter Zuwanderung aus der ehemaligen Sowjetunion. 1938 war die alte Synagoge von 1863 zwischen Graben- und Wilhelmstraße (heute Huestraße bzw. Dr.-Ruer-Platz) niedergebrannt worden.

Vom Planetarium weg führt (nun ohne „Raute") ein Fußweg parallel zur Castroper Straße durch eine kleine Grünanlage – jenseits der Straße das Finanzamt und rechter Hand die nahen Augusta-Krankenanstalten, spazieren wir abwärts Richtung Innenstadt.

Geht man der Castroper Straße aufwärts nach, erreicht man den traditionsreichen Bochumer Kirmesplatz und ein wenig weiter das Ruhr-Stadion, das jetzt „rewirpower STADION" heißt und in dem der VFL Bochum seine Heimspiele austrägt. Dahinter am Stadionring der RuhrCongress, die Rundsporthalle und die Starlighthalle, in der das unheimlich erfolgreiche Rollschuh-Musical „Starlight-Express" aufgeführt wird.

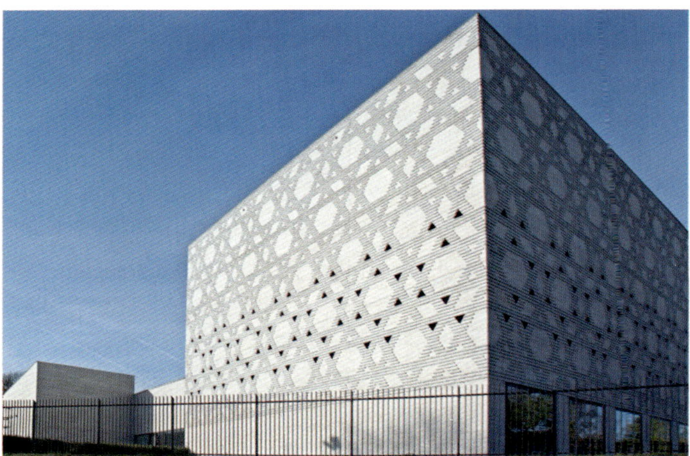

Synagoge der jüdischen Gemeinde

Jetzt durch die Unterführung der Bahn, dann kommt man am **Schwanenmarkt** über den **Nordring** hinweg geradewegs in die **Große Beckstraße**, an der die katholische **Propsteikirche** steht. Die dreischiffige Hallenkirche von 1524 war 1944 fast komplett eingestürzt. Schon 1948 begann der Wiederaufbau (bis 1959); sie besitzt u. a. einen Taufstein von 1175. Und gleich gegenüber sieht man das einzig verbliebene Bürgerhaus der alten Innenstadt: Brauhaus Rietkötter von 1756. In der Fußgängerzone geht's über den **Platz am Kuhhirten** hinauf zur **Bongardstraße**. Seit 1908 steht hier das Denkmal für Fritz Kortebusch, den letzten Bochumer Kuhhirten. Bis 1870 – als üblicherweise noch viele eine eigene Kuh hatten – sorgte er für die gemeinsame Beweidung. Im Krieg wurde das Kortebusch-Denkmal eingeschmolzen und 1962 eine Kopie aufgestellt.

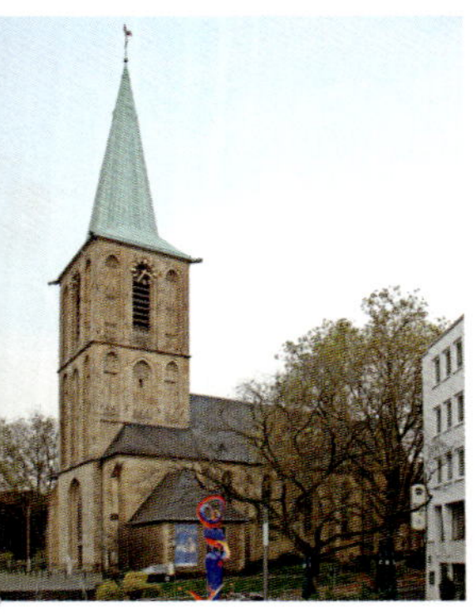

Die Propsteikirche in der Innenstadt

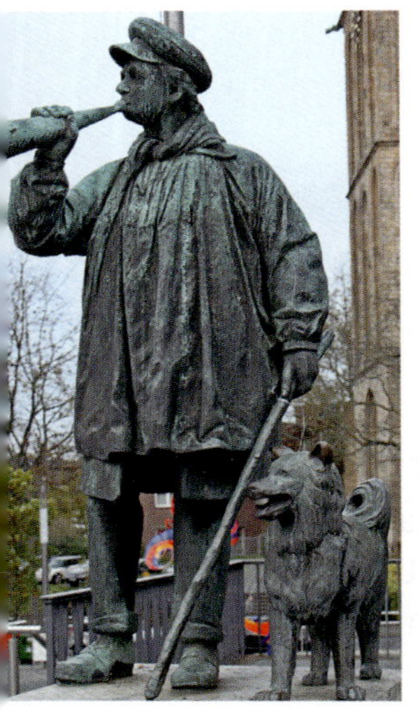

Fritz Kortebusch, Bochums letzter Kuhhirte

Wir flanieren entlang der Fassaden der großen Geschäftshäuser an der **Pariser Straße** hinüber zur **Pauluskirche**. Die evangelische Kirche, die 1943 völlig niedergebrannt war und nach dem Wiederaufbau heute ein bisschen wie eine mittelalterliche Dorfkirche wirkt, stammt ursprünglich von 1659 – damals waren die Protestanten froh, nicht mehr in die katholische Propsteikirche gehen zu müssen. Dahinter ragt das ehemalige **Kaufhaus Kortum** mit seiner imposanten Fassade auf, das Ende der 1980er-Jahre endgültig geschlossen wurde, und links hinüber blicken wir auf das bügeleisenförmige Haus der Sparkasse Bochum von 1928.

Benannt nach der Kortumstraße, an der es steht, war Kortum viele Jahrzehnte eine Institution in Bochum. 1920 eröffnet und bis zur Nazizeit das Kaufhaus Alsberg, gehörte es damals zu den bestsortierten Warenhäusern im Revier. Auch nach dem Krieg, der große Schäden hinterlassen hatte, blieb das ganz eigene Flair dank besonderer Lebensmittelabteilung, dem „Erfrischungsraum“ – so hieß damals die hauseigene Cafeteria mit den leuchtenden Buntglasfenstern – oder dem holzgetäfelten Treppenhaus. In seinen besten Zeiten arbeiteten hier bis zu 1200 Menschen. Nach längerem Leerstand ging beim Umbau viel von der speziellen Eigenart verloren; seit 2007 nutzt das Gebäude die Filiale einer Handelskette.

Die kleine **Grabenstraße** bringt uns noch einmal zur **Bongardstraße**, der wir links zum **Rathaus** folgen. Davor fällt gleich auch die riesige gusseiserne Glocke auf, die seit 1979 dort steht und einst vom Stahlwerk „Bochumer Verein“ für die Weltausstellung in Paris 1867 gefertigt worden war.

Das denkmalgeschützte Bochumer Rathaus gehört zu den wichtigen Repräsentativbauten des Ruhrgebiets. 1931 wurde das vom Darmstädter Architekturprofessor Karl Roth entworfene Gebäude eingeweiht. Mit seinem streng symmetrischen Grundriss, schlicht gehaltener Fassade und einem großen Innenhof wirkt es zeitlos. Schon 1886 hatte die Stadt ein neues Rathaus bekommen, das aber trotz mehrfacher Erweiterung für den starken Bevölkerungsanstieg nicht ausreichte.

An der **Viktoriastraße** liegt direkt rechts auf der Ecke der große Gebäudekomplex des früheren Fernmeldeamtes. Wir folgen der Straße zum autofreien **Husemann-Platz**, zu Ehren des Bochumer Reichstagsabgeordneten Fritz Husemann benannt. Er wurde 1935 von den Nazis verhaftet und im KZ ermordet. Schon seit etwa 1870 ist dies ein zentraler Platz in Bochum, auf dem auch der Kortum-Brunnen steht. Den Platz querend, gelangt man zur Fußgängerzone in der **Kortumstraße**, der wir nun rechts nachgehen. Sie ist dem Bochumer Arzt, Gelehrten und Dichter Dr. Carl Arnold Kortum (1746–1824) gewidmet und zieht vom früheren Hauptbahnhof am Berliner Platz (heute Konrad-Adenauer-Platz) zum Stadtpark. Bis zur Brückstraße ist sie Fußgängerzone und Haupteinkaufsstraße Bochums. Auf der **Kortumstraße** verlassen wir auch hinter dem Südring den Kern der Innenstadt und können bald am **Engelbert-Brunnen** das „Bermuda3eck" kennenlernen, ein beliebtes Straßenkarree mit zahlreichen Kneipen, das sich zu einer der zentralen Stellen des Nachtlebens im Revier entwickelt hat.

i Der Engelbert-Brunnen erzählt ein Stück Bochumer Stadtgeschichte nach rund um die „Große Dortmunder Fehde" (1388/89), als Graf Engelbert III. von der Mark nach einem Viehraub Hilfe von den Bochumer „Junggesellen" bekam. Das Maiabendfest, Bochums großes Volks- und Heimatfest, bezieht sich darauf. Am Engelbert-Brunnen liegt auch das „Bermuda3eck". Keimzelle des Kneipenviertels war 1977 das „Mandragora": Das für seine französischen Crèpes bekannte Lokal am damaligen Berliner Platz wollte – seinerzeit völlig neu – mediterranes Flair in die Stadt bringen und begann, nach Art eines Straßencafés ein paar Tische vor die Tür zu stellen. Die Idee setzte sich durch und ist längst Normalität geworden! Rund um den Engelbert-Brunnen findet seit 1985 auch das Stadtfest „BOtotal" statt: Am ersten Wochenende der Sommerferien gibt es ein großes Live-Musik-Event mit etlichen Bühnen, und zigtausend begeisterte Besucher feiern mit.

Am Ende der **Kortumstraße** (am **Konrad-Adenauer-Platz**) unterqueren wir die Bahnlinie und folgen der **Königsallee** links noch rund 200 m hinüber zum Endpunkt der Wanderung: dem **Schauspielhaus Bochum** am **Hans-Schalla-Platz**.

i 1910 übernahm die Stadt das Varieté-Theater „Apollo" und baute es zum neuen Stadttheater aus, um es im Dezember

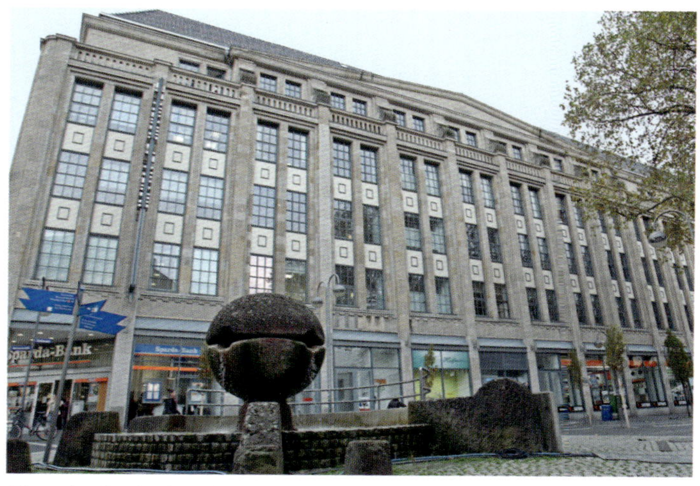

Einst eine Institution: das ehemalige Kaufhaus Kortum

1915 mit einem Gastspiel des Düsseldorfer Schauspielhauses zu eröffnen. Saladin Schmitt inszenierte im April 1919 die erste Aufführung des neu gegründeten Schauspielensembles. Von 1949 bis 1972 leitete Hans Schalla das Theater. Sein Nachfolger, der legendäre Peter Zadek, führte das Haus zu erneuter, großer Bedeutung. Er propagierte ein neues „Volkstheater", weg vom angestaubten, elitären „deutschen Bildungstheater". So lud Zadek schon zu den Proben Arbeiter vom Bochumer Verein, von Opel oder von Krupp ein nach dem Motto „nachmittags zum Fußball, abends ins Theater".

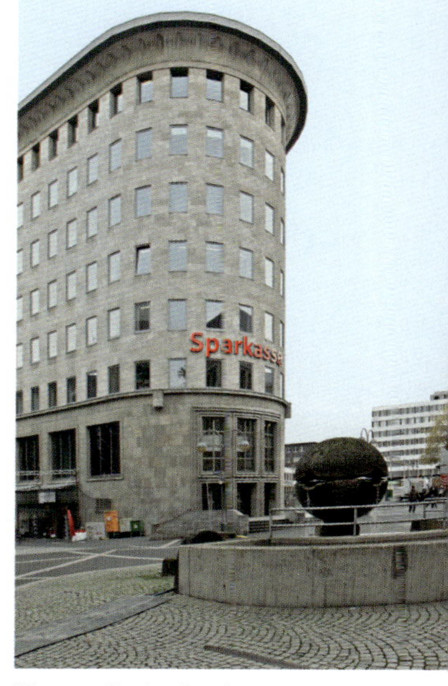

Hauptstelle der Sparkasse von 1932

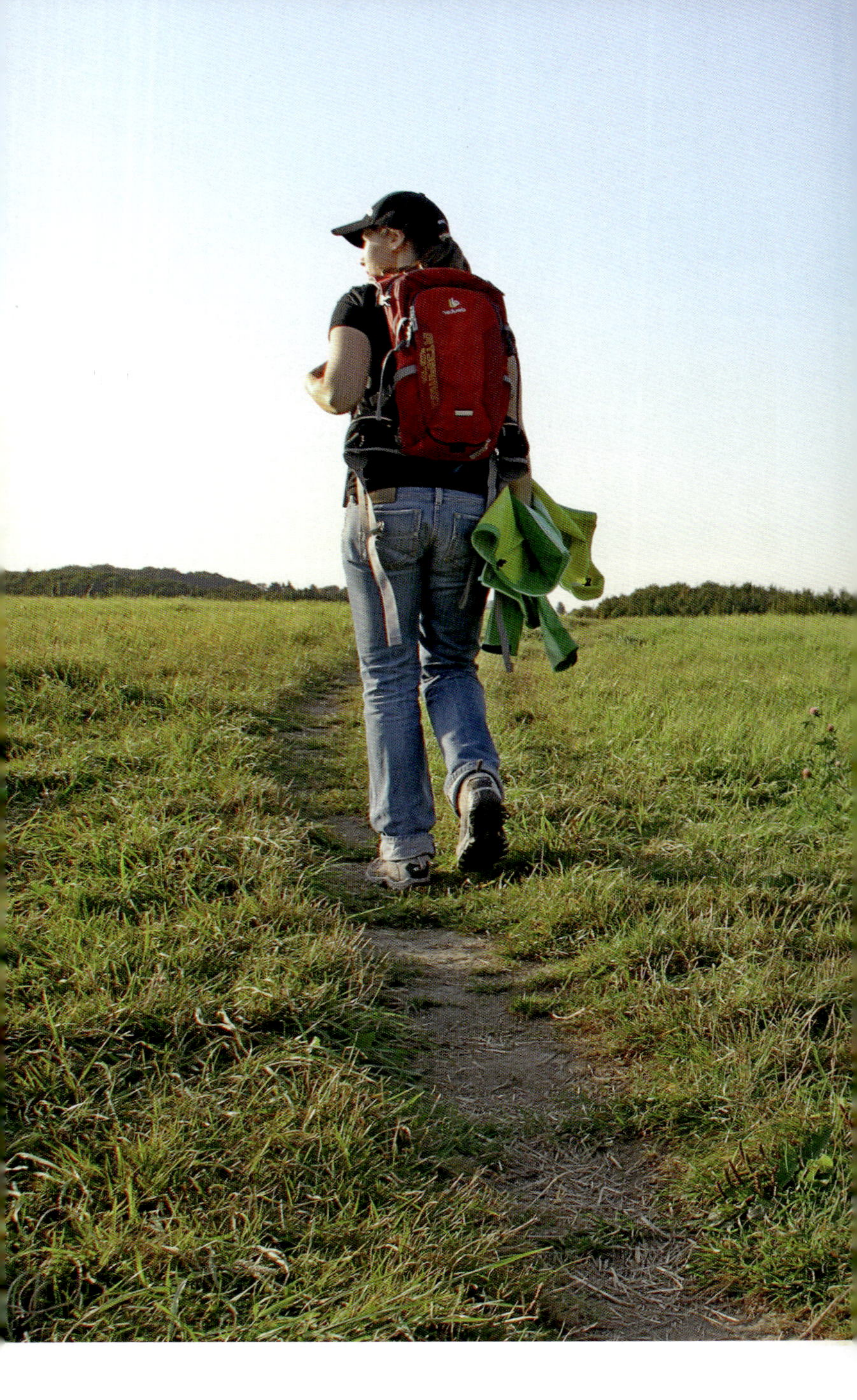

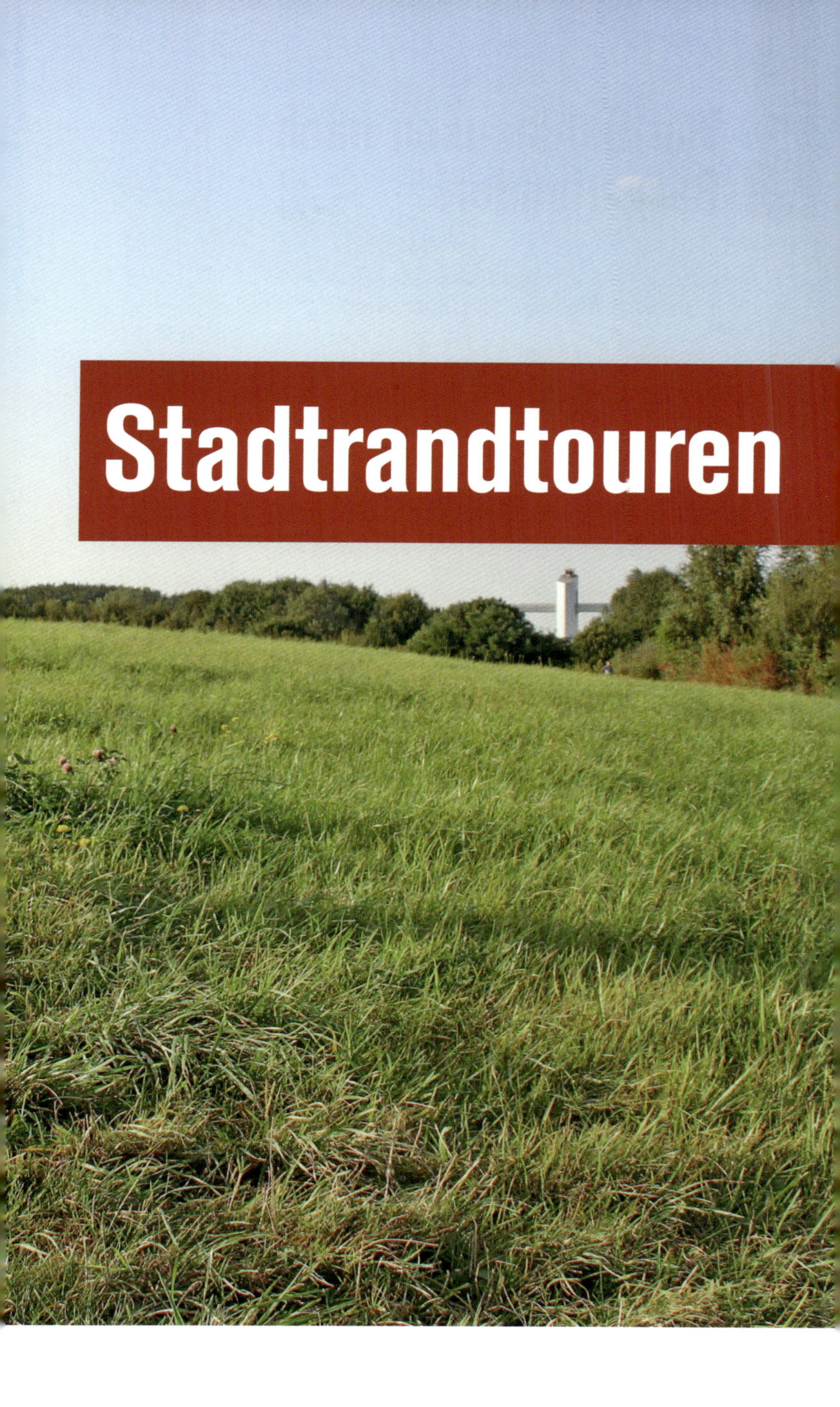

Stadtrandtouren

Tour 17

Von Dahlhausen nach Burgaltendorf

Auf dem idyllischen Leinpfad schlendern wir in Dahlhausen der Ruhr entlang, machen danach einen Abstecher nach Essen-Burgaltendorf hinauf zur Ruine und genießen von dort oben den Blick über das südliche Bochum. Anschließend geht's zurück zur Ruhr, die wir an der Schwimmbrücke überqueren, um zum Schluss noch einmal aufwärts mit wiederum viel schöner Aussicht in Dahlhausen zum Horkenstein zu steigen.

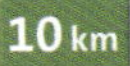

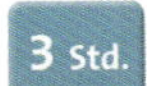

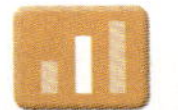

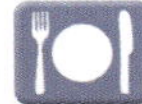

Start u. Ziel:
Bahnhof Bochum-Dahlhausen, Otto-Wels-Platz, 44789 Bochum

Bus/Bahn:
versch. Buslinien (345, 390 u. a.) sowie Straßenbahn 318 bis Haltestelle „Bochum-Dahlhausen"

Wegbeschaffenheit:
befestigte Wege/ Gehwege, asphaltierte Nebenstraßen; zwei Anstiege; einige Stufen; für Kinder geeignet

Wegbeschreibung

Vom **Otto-Wels-Platz** vor dem Bahnhof erst einmal ein kurzes Stück durch die Fußgängerzone. Dabei rechts und dann gleich wieder rechts, überqueren wir danach mit der Straße **Ruhrmühle** die Gleise von S-Bahn und Museums-Ruhrtalbahn (Hinweisschilder Richtung Baldeneysee/Eisenbahnmuseum u. a.). Die städtische Bebauung liegt nun hinter uns, und der Blick öffnet sich über den unterhalb liegenden Campingplatz. Wir halten uns nach der Brücke links und spazieren im Bogen hinab zur nahen Ruhr mit der kleinen Insel. Es geht am Ufer entlang, an dem früher schon eine beliebte Stelle zum Baden und Sonnenbaden war. Das in den Ruhrauen beheimatete einstige Strandbad Dahlhausen musste Ende der 1950er-Jahre als letzte Flussbadeanstalt auf Bochumer Gebiet wegen zunehmender Wasserverschmutzung geschlossen werden. Inzwischen hat sich viel getan, und so gilt die Ruhr heute als sauberster Industriefluss Deutschlands, auch wenn leider immer wieder Verunreinigungen auftreten.

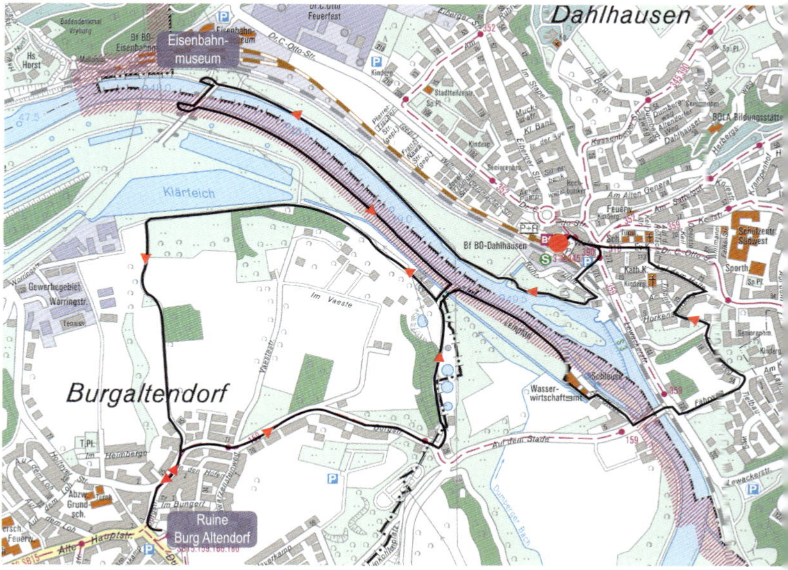

Uns fallen am Wegesrand erste besondere Info-Tafeln auf: Das Ruhr-Standort-Informationssystem (RuSIS) kann man an vielen Stellen im Ruhrtal finden. Es erleichtert bei einem Notfall den Rettungskräften die Orientierung, denn gibt man beim Notruf 112 die nächstgelegene vierstellige Tafelnummer mit durch, ist der eigene Standort ohne große Beschreibung für die Helfer sofort auszumachen und unnötiges Suchen entfällt.

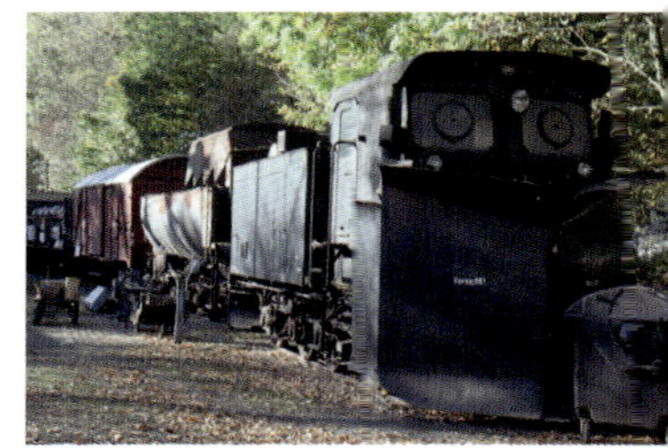

Im Eisenbahnmuseum Dahlhausen

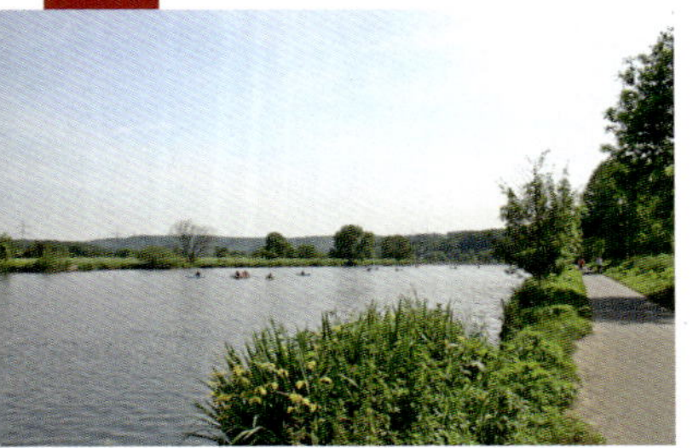

An der Ruhr bei Dahlhausen

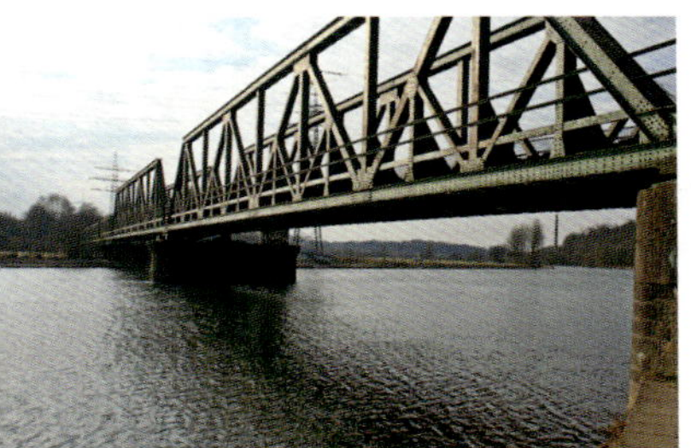

Die alte Eisenbahnbrücke

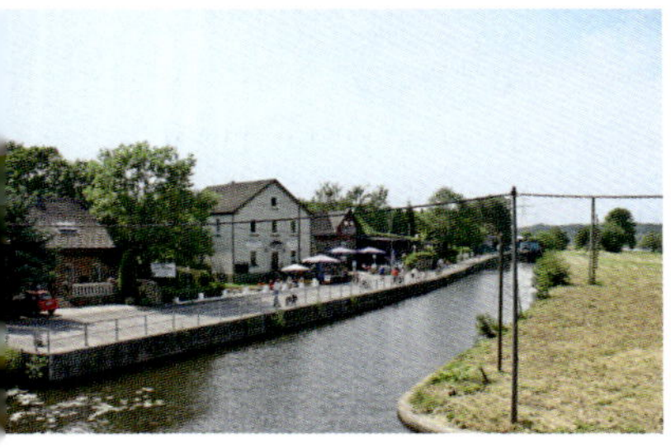

Am Schleusenkanal mit der Gaststätte „Zum Ponton"

Wir schließen uns weiter dem **Uferweg** an, können an schönen Tagen die vielen Gruppen von Radfahrern beobachten, die auf der anderen Seite dem Ruhrtal-Radweg folgen, oder sehen den Paddlern auf dem Fluss ein wenig hinterher. Und auch hinüber nach Burgaltendorf, das oberhalb am gegenseitigen Hang liegt, fällt der Blick. Schnell ist so die ehemalige Eisenbahnbrücke erreicht, und geht man durch die Unterführung, liegt nur ein paar Schritte entfernt das interessante und bedeutende **Eisenbahnmuseum Dahlhausen**.

i

Mit mehr als 200 Exponaten, darunter große und kleine Dampfloks, gehört das Museum zu den größten seiner Art in Deutschland. Es konnte auf einem ehemaligen Bahnbetriebswerk mit Ringlokschuppen und allen Nebengebäuden kaum idealer eingerichtet werden. Einige der betriebsbereiten Fahrzeuge werden noch regelmäßig eingesetzt. So verkehrt z. B. im Sommer jeden ersten Sonntag im Monat eine historische Dampflok. Und die nostalgischen roten Schienenbusse der Ruhrtalbahn mit ihren neun Haltestellen zwischen Dahlhausen und Hagen Hbf. kann man von Mai bis September, immer freitags und sonntags, dreimal täglich (ab Bochum: 8.50, 12.50, 16.50 Uhr) auf der romantischen Strecke erleben.

An der ehemaligen Eisenbahnbrücke überqueren wir den Fluss, in dessen Mitte Essener Stadtgebiet betreten wird. Früher einmal führte die Bahnlinie weiter, u. a. zum Bahnhof von Essen-Burgaltendorf, der etwas entfernt vom Ortskern im Ruhrtal lag. Vor uns breiten sich die ausgedehnten Wassergewinnungsanlagen aus, doch wir schwenken sofort hinter der Brücke links ein und halten uns an den hier asphaltierten **Leinpfad** entlang der Ruhr. Nach etwas mehr als einem Kilometer wird nun der Uferweg (an der ersten Möglichkeit) nach rechts verlassen. Dabei überschreiten wir den kleinen Zulaufkanal des Klärbeckens. Danach kurz aufwärts und am folgenden Querweg gleich rechts halten und an den Anlagen des Tennisclubs vorbei. Jetzt können wir uns ein Stückchen dem Klassiker unter den Wanderwegen, dem wunderbar angelegten „Ruhrhöhenweg", anschließen, der die Markierung XR aufweist (er begleitet die Ruhr von der Quelle im Sauerland bis zur Mündung in den Rhein). Unterhalb von Burgaltendorf spazieren wir an dem meist von Begrünung verdeckten Klärteich vorbei, und noch auf Höhe des Teiches zieht der „Ruhrhöhenweg" bereits wieder ohne uns weiter. Zugleich kommt uns der Wanderweg A1, zu dem wir wechseln, auf unserem Weg entgegen, aber aufgepasst: Wir müssen mit ihm links abbiegen, doch aus unserer Laufrichtung ist die Markierung nicht zu erkennen. Es geht hinauf nach Burgaltendorf, zuletzt an wenigen Häusern vorbei weiter mit A1 aufwärts. Anschließend machen wir auf der **Burgstraße** einen kleinen Abstecher zur Ruine der **Burg Altendorf** und erfreuen uns an der herrlichen Aussicht hinüber nach Dahlhausen und den Bochumer Höhen.

i

Die frühere Burg Altendorf war einst ein wichtiger Stützpunkt zum Schutz des Ruhrübergangs. Erbaut von den Erzbischöfen von Köln, stammt der mittelalterliche Wohnturm, der erfreulicherweise auch bestiegen werden kann, aus dem 12. Jahrhundert und gilt in seinen gewaltigen Ausmaßen als eine Seltenheit zwischen Rhein und Weser.

17

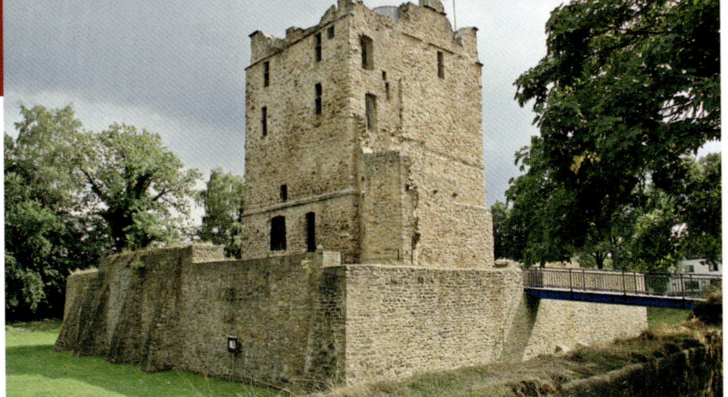

Burgruine Altendorf mit Wohnturm

Nach dem ausgiebigen Rundblick halten wir uns, wie schon beim Hinweg zur Ruine, wieder an die Burgstraße, spazieren nun aber abwärts und verbleiben auf der **Burgstraße**. Erst kurz vor einer Kreuzung verlassen wir die Straße nach links (hier noch einmal mit Markierung XR) und gelangen mit dem Asphaltweg an einem Wäldchen vorbei automatisch hinunter zu der Stelle, an der wir zuvor vom Leinpfad kamen. So nehmen wir rechts haltend abwärts erneut das Wegstück, das zur kleinen Brücke über den Kanal führt, und schwenken danach rechts auf den **Uferweg** ein (wir sind jetzt kurz auf Hattinger Stadtgebiet). Bald sehen wir auch wieder die Insel in der Ruhr, und mit dem Wehr und der alten Schleuse treffen wir nun auf Relikte aus der Zeit, als der Fluss in diesem Abschnitt noch schiffbar war. In Hochzeiten um 1860 passierten rund 80 Lastkähne täglich die Schleuse. Das änderte sich mit dem Bau der Eisenbahn 1869. Dafür nutzen heute die zahlreichen Paddelfreunde die Bootsrutsche zur Überwindung des Wehrs. Auf Höhe der alten Schleuse nun im Bogen um das Wasserwirtschaftsamt herum und am Schleusenkanal entlang, an dem das beliebte Ausflugslokal „Zum Ponton" liegt. Bei schönem Wetter ist der Biergarten natürlich meist voll besetzt. Über die **Schwimmbrücke** wird auch wieder Bochum bzw. **Dahlhausen** erreicht.

i Dahlhausen wurde vom Bergbau, aber auch vom Güterverkehr geprägt, denn der alte Verschiebebahnhof zählte einst zu den größten im Revier. Zwar waren die meisten der Bergwerke kleine Stollenzechen, so dass viele Grünflächen erhalten blieben, doch die Industrieanlagen der Zeche Dahlhauser Tiefbau, die Steinfabrik Dr. C. Otto und eben der Verschiebebahnhof bestimmten sehr das Ortsbild. Mit dem Zechensterben verlor auch der Bahnhof viel von seiner Bedeutung.

Nachdem wir auf der Schwimmbrücke die Ruhr überwunden haben, überqueren wir gleich noch die Bahnlinie und die anliegende **Lewackerstraße**, um rechts zum **Fährweg** zu gelangen (hinter Haus Nr. 220 links abbiegen), der uns, zuerst mit ein paar Treppen, in die Höhe bringt. Am Ende des Wegs links und gleich wieder links ins Sträßchen **Am Krüzweg**, führt es uns zur kleinen **Grünanlage Horkenstein**.

i

Diese wunderbare Aussichtsstelle verdankt ihren Namen dem ehemaligen Gartenrestaurant Burg Horkenstein, das 1962 abgerissen wurde und einst eine Institution in Dahlhausen war. So konnten die Besucher, ähnlich wie beim Drachenfels am Rhein, auf einem Esel den schmalen Pfad von der Ruhr hinaufreiten. Das Haus selbst hatte der Gastwirt nach einem riesigen 20-Tonnen-Findling benannt, der der Erzählung nach etwas oberhalb an der Ruhr entdeckt worden sein soll.

Auf dem Rückweg spazieren wir durch den kleinen Park zum **Horkensteinweg**, biegen hier rechts ein und an seinem Ende links in die Straße **Auf dem Holte**. So kommen wir vorbei an der katholischen Kirche und weiter zur **Dr.-C.-Otto-Straße** gegenüber der evangelischen Kirche. Links einschwenkend, erreichen wir kurz darauf bereits wieder den Ausgangspunkt. Rund um den Bahnhofsvorplatz haben zahlreiche Maßnahmen der Stadt dazu beigetragen, dass ein schöneres Wohnumfeld entstehen konnte. Es wurden u. a. ein Teil der Hauptstraße für den Durchgangsverkehr gesperrt und eine Umgehungsstraße gebaut. Und vor dem Bahnhof plätschert seit 1989 die „Lokomobile", ein von einem Düsseldorfer Künstler entworfener Brunnen mit Motiven aus der Geschichte der Eisenbahn.

Tour 18

Von Hiltrop nach Bergen

Im Bochumer Norden führt uns die Tour von der Hiltroper Kirche durch den Volkspark hinüber zur Kolonie Constantin und am Rand des Waldparks Constantin nach Bergen. Dort kommen wir ins Zillertal, wie das idyllische Berger Tal hier genannt wird. Über die alte Berger Mühle und ehemalige Werksbahntrassen der Zeche Constantin geht's durchs Grüne zurück.

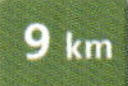

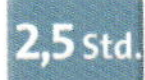

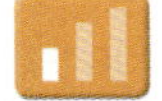
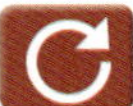
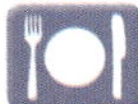

Start u. Ziel:
Dietrich-Benking-Straße, Ecke Fortmannweg, 44805 Bochum

Bus/Bahn:
versch. Buslinien (u. a. 353, 366) bis Haltestelle „Hiltrop Kirche"

Wegbeschaffenheit:
meist befestigte Parkwege, wenige kleine Straßen, einige Stufen; leicht hügelige Landschaft mit etwas Auf und Ab; für Kinder geeignet

Wegbeschreibung

Unterhalb der evangelischen Erlöserkirche startet unsere Wanderung. Die **Hiltroper Kirche** (1927 eingeweiht) wurde in den letzten Jahren umfangreich saniert und ist das Wahrzeichen von Hiltrop – auch wegen ihres erhöhten Standortes und des besonderen Turms mit Uhr und rechteckiger Turmhaube.

i Schon um 4000 v. Chr. siedelten Menschen im heutigen Hiltrop und auch in Bergen. In den 1950er-Jahren machte man bei Ausgrabungen Funde, die sich der mittleren Jungsteinzeit zuordnen lassen. Der Name Hiltrop wurde dann erstmals im 13. Jahrhundert erwähnt („Hildorppe"). Bis 1897 gehörte es zum Amtsbezirk Herne, später zu Harpen und wurde 1929 zu Bochum eingemeindet.

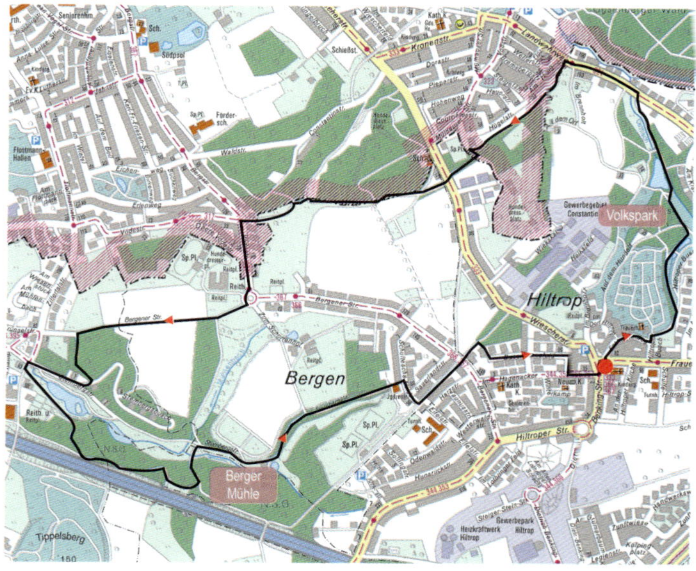

An der **Dietrich-Benking-Straße** schlagen wir mit dem Wanderzeichen „Raute“ den **Fortmannweg** ein, der zum Friedhof führt. Dort auf kleinem Fußweg außen herum weiter, geht es durchs Grüne hinüber zum **Volkspark Hiltrop**, der auch einfacher Hiltroper Busch genannt wird.

Angelegt wurde er Anfang der 1930er-Jahre während der hohen Arbeitslosigkeit im Rahmen von Arbeitsbeschaffungsmaßnahmen. Bis in die 1950er-Jahre gab es hier noch ein Schwimmbad und eine sehr beliebte Gastronomie. Inzwischen wurde das Gelände neu gestaltet mit schönem Spielplatz und Spielwiesen, aber auch Biotopen für die heimische Flora und Fauna. Im Park wird der kleine Ostbach zu einem ersten Teich gestaut. Das Wasser der vielen Quellen wurde früher gerne als Trinkwasser genutzt.

Die „Raute“ leitet uns nun durch die lauschige Anlage mit schönen alten Bäumen und kleinen Teichen, bis wir zum Schluss noch ein Stück den Ostbach begleiten. So ereichen wir die

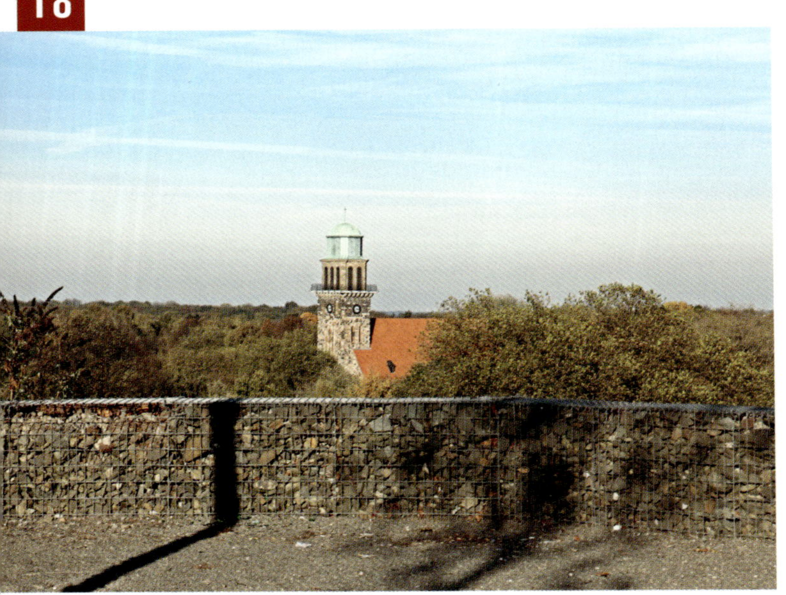

Blick zur Hiltroper Kirche

Straße **Hiltroper Landwehr** und biegen links ein. Jenseits der Häuser auf der anderen Straßenseite beginnt mit dem alten Gysenberger Wald bereits Herner Stadtgebiet. Kurz vor der Bergarbeitersiedlung Constantin geht links ein Fußweg ab, in den wir (ohne die „Raute") einbiegen. Ein kleiner Abstecher zur Kolonie Constantin, die zwar auch schon in Herne liegt, wäre vorher sicher interessant. Die sehenswerten Häuser für die Arbeiter der ehemaligen **Bochumer Zeche Constantin** sind bis heute von Grün umgeben, und Straßennamen wie Hauer-, Flöz- oder Steigerstraße weisen unzweifelhaft darauf hin, welchen Ursprung die Siedlung hatte. Wir wandern hier am Rand der Bebauung durch die leicht hügelige Wald- und Wiesenlandschaft. Haben wir die **Wiescherstraße** überquert, breitet sich zur Rechten die Herner Mark mit dem Waldpark Constantin auf zum Teil ehemaligem Zechengelände aus, wovon heute eigentlich nichts mehr zu erkennen ist.

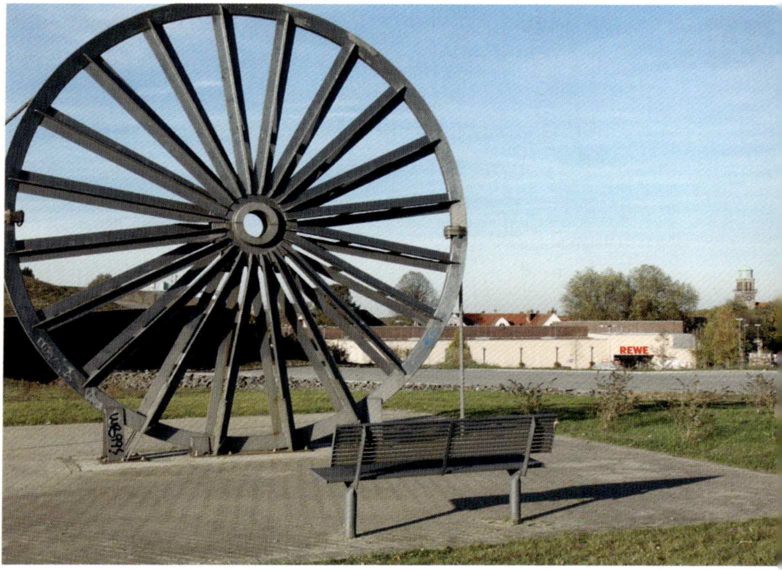

An der Dietrich-Benking-Straße

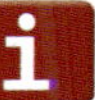

Auf der Bochumer Zeche Constantin (Vereinigte Constantin der Große) wurde 1850 mit der Abteufung des ersten Schachts begonnen, und bis zum Ersten Weltkrieg betrieb man bereits neun (von letztlich elf) Schachtanlagen. Ende der 1920er-Jahre hatte die Zeche über 10.000 Beschäftigte, kam auf fast 3 Mio. Tonnen Kohleförderung jährlich und konnte diese noch steigern. Im Zweiten Weltkrieg wurde das Bergwerk bei Luftangriffen schwer getroffen. 1966 erfolgte die Stilllegung der Förderanlagen; erhalten geblieben sind einige Betriebsgebäude wie das Kesselhaus und eine Kaue.

Ohne in das kleine Waldgebiet abzuzweigen, spazieren wir mehr oder weniger geradeaus an diesem entlang, bis der Fußweg an der verkehrsberuhigten **Vödestraße** endet. Links bergauf geht es schon wieder aus der Bebauung heraus und weiter zum Kreisverkehr. Wir sind nun mitten im grünen Stadtteil **Bergen**, der seinen Namen der Lage auf einer Anhöhe verdankt.

i

Urkundlich taucht Bergen im 14. Jahrhundert erstmals auf. Mit der Industrialisierung kamen viele angeworbene Arbeiter in die Region, und mit dem Abteufen der Schächte Lothringen IV und Constantin X 1910 bzw. 1911 und der Errichtung der Kokerei entwickelte sich mehr als Bergen vor allem auch Hiltrop zur typischen industriell geprägten Ortschaft des Ruhrgebiets, denn Bergen konnte trotz allem etwas mehr seinen ländlichen Charakter erhalten. Nach wechselnden Zugehörigkeiten wurde es 1926 zu Bochum eingemeindet.

Am Kreisverkehr wenden wir uns gleich nach rechts in den kleinen Asphaltweg (Fortsetzung **Bergener Straße**). Er bringt uns immer geradeaus unterhalb des Stembergs (112 m) durch den Tippelsberger Park vorbei an Wiesen und kleinen Waldstücken. Wanderzeichen „B im Kreis" begleitet uns nun ein Stück, erst am Waldrand entlang, dabei mit weitem Blick auf Riemke und Herne. Bald biegen wir links ab in das Wäldchen, und dann tut sich kurz darauf auch der Blick auf hinüber zum ganz schön mächtig erscheinenden **Tippelsberg** (siehe Tour 5), der noch hinter der Autobahn aufragt. Vor dem idyllisch gelegenen Teich rechts in die kleine **Stembergstraße**, bringt uns das Wander-

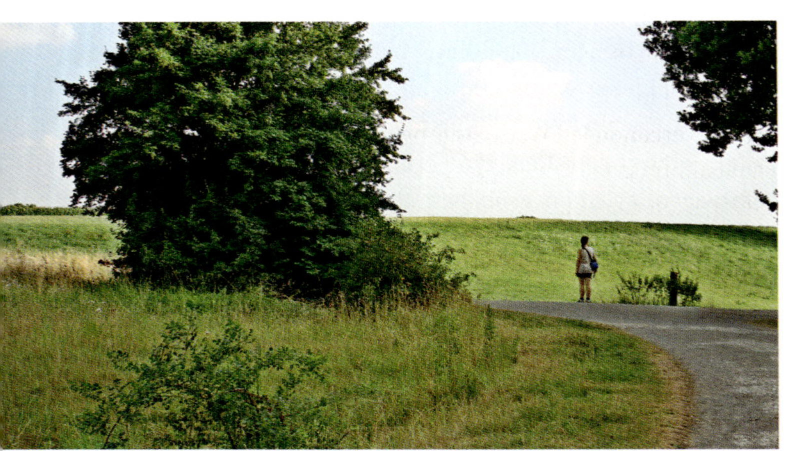

Waldpark Constantin

zeichen aus dem **Berger Tal** heraus und am Ende links von der **Zillertalstraße** geradeaus in einen Fußweg. Vorbei an den Reitanlagen weiter Richtung Autobahn. Kurz vor der Fußgängerbrücke wechseln wir zur „Raute" und biegen links ein ins Naturschutzgebiet „Tippelsberg/Berger Mühle".

i

Um 1880 setzte sich für das Berger Tal im Sprachgebrauch der Name Zillertal durch. Ansässige Gastronomen sollen ihn zu Werbezwecken – inspiriert vom bekannten Tiroler Alpental – erdacht haben, denn mit Bergen konnte man auch hier aufwarten, immerhin umgeben Tippelsberg, Stemberg und Günzelberg das kleine Tal. Der BUND und die Stadt Bochum entwickelten mittlerweile für das Teich- und Waldgebiet ein neues Konzept. Im dortigen Naturschutzgebiet befindet sich auch einer der größten Bestände an Riesenschachtelhalmen in NRW.

Wir wandern (bis zum Schluss mit Markierung „Raute") ein Stück parallel zur Autobahn durch den Wald. Und obwohl man sie nicht sieht, lässt sich die A 43 leider nicht ganz überhören. Doch bald schon zieht die Route nach links weg und es wird wieder ruhiger. Am Stemberger Busch abwärts zur **Berger Mühle** mit dem Mühlteich, die bereits im 13. Jahrhundert erwähnt wurde. Bis ins 20. Jahrhundert wurde sie noch betrieben; das gepflegte Fachwerkhaus mit den rot-weißen Läden befindet sich heute in Privatbesitz. An der Weggabelung links führt ein erhöht verlaufender Weg (**Stembergstraße**) über eine alte Zechenbahntrasse durchs grüne Umland mit Wiesen und Koppeln, Kleingärten und Sportanlagen hinauf zum Jugendfreizeithaus von Bergen. Dort wenden wir uns rechts (der „Raute" nach) in den Weg, der kurz aufwärts weiterführt zur alten Trasse der Werksbahn der Zeche Constantin. Als Wanderweg ausgebaut, folgen wir ihr links Richtung Hiltrop. Haben wir die Bergener Straße gekreuzt, bringt uns das Wanderzeichen bald rechts von der Trasse weg zur Straße **Bussmannsfeld** und zurück zum Ausgangspunkt.

Tour 19

Von Langendreer nach Düren

In Langendreer, einem der größten Stadtteile Bochums, führt uns der abwechslungsreiche Weg von der Bömmerdelle in überraschend reizvolle Felderlandschaft. Das Opel-Werk II, aber auch das alte Haus Langendreer an der Förderschule und die ehemalige Brennerei Eickelberg sind weitere Stationen der Runde.

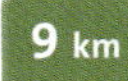

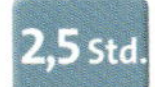

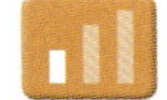
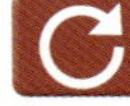

Start u. Ziel:
In der Schornau/Auf dem Jäger, 44892 Bochum

Bus/Bahn:
Buslinie 345 bis Haltestelle „Knappschafts-Krankenhaus“

Wegbeschaffenheit:
kleine Straßen und befestigte Wege; nur wenige leichte An- und Abstiege; für Kinder geeignet

Wegbeschreibung

Vom Ausgangspunkt nahe dem **Knappschafts-Krankenhaus** leiten gleich die Zeichen „B im Kreis“ und W im Ortsteil Langendreerholz in die **Bömmerdelle**. Durch schönen, alten Laubwald kommen wir anschließend in die Straße **Breite Hille**. An der Kreuzung rechts und von der **Stockumer Straße** in einen Fußweg, der uns aus der Bebauung heraus in die sanfte Hügellandschaft von Grabeloh führt. Hier im Umkreis wurde früher einmal in zahlreichen Gruben Sand abgebaut, der wegen reger Bautätigkeiten während der Industrialisierung heiß begehrt war.

Ein kurzes Stück entlang der **Hörder Straße**, dann biegen wir (mit Wanderzeichen) links in die Felder ein. Neben uns die alte Bahntrasse „Rheinischer Esel“, eine ehemalige Güterbahnstre-

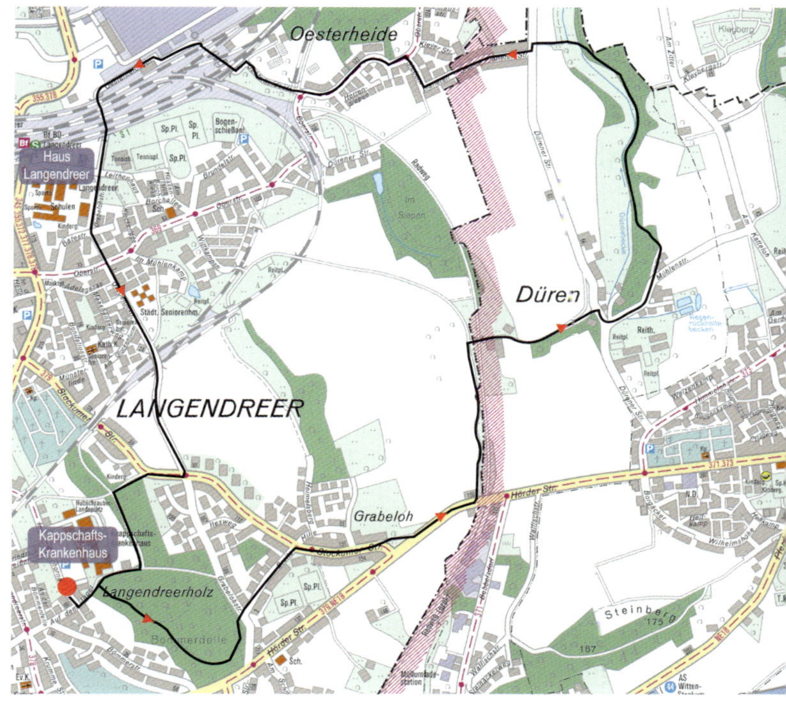

cke von Dortmund-Löttringhausen über Witten nach Langendreer, die jetzt Rad- und Fußweg ist und an dieser Stelle genau auf der Stadtgrenze zu Witten verläuft. Bei nächster Gelegenheit rechts (ohne „B im Kreis"), kommen wir zum Reiterhof Steinberg und machen einen kleinen Abstecher auf Wittener Grund, um die zauberhafte Dürener Schweiz nicht zu versäumen. Düren und auch Stockum gehörten bis 1929 noch zur Gemeinde Langendreer. Am Ende des Wegs rechts (**Dürener Straße**) und gleich wieder links (**Mühlenstraße**), folgen wir wenig später der Markierung W durch ein Waldstück bergab in das schmale Tal der Dünnebecke mit seinen grünen Wiesenhängen – eben eine Schweiz in Miniatur. Danach geht es die **Dürener Straße** kreuzend auf der **Sieben-Planeten-Straße** durch die Wohn-

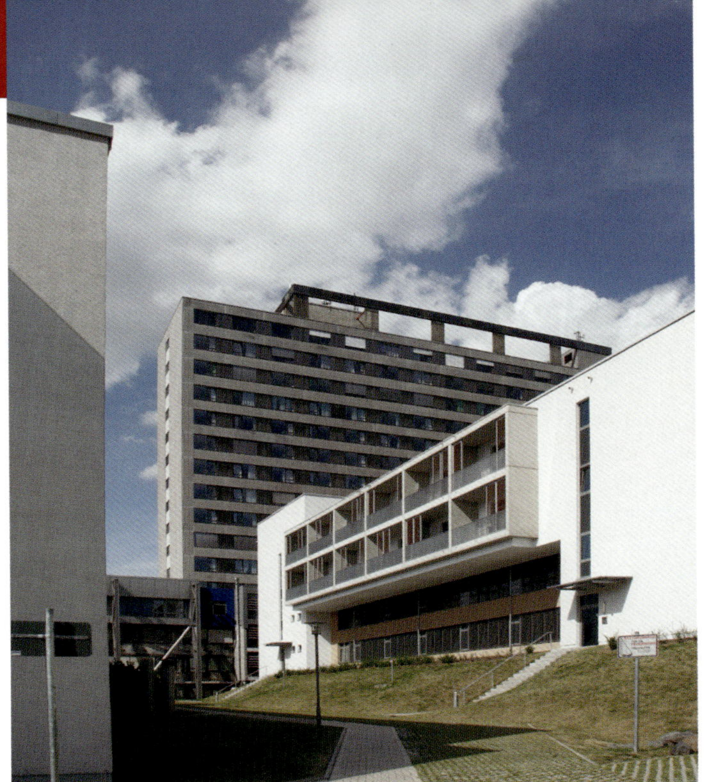

Knappschafts-Krankenhaus in Langendreer

siedlung. Am Ende rechts (ohne W) gehört die Straße **Siebenplaneten** wieder zu Bochum. Die Namen erinnern an die traditionsreiche alte Zeche, die es hier einmal gab. Wir kommen zur **Oberstraße** und machen nun einen Abstecher nach **Opel**. Dazu links der Straße nach, dann aber durch die Bahnunterführung, und schon stehen wir vor dem Gelände von Werk II.

i Im Opel-Werk II wurden seit den 1960er-Jahren auf dem fast 500.000 qm großen ehemaligen Gelände der einst bedeutenden Zeche Bruchstraße Motoren, Getriebe und Hinterachsen montiert. Als der größte Motoren- und Achsenhersteller im europäischen Verbund der General-Motors-Werke versorgte Bochum Betriebe in allen Teilen des Kontinents. Hauptabnehmer war dabei immer Werk I in Laer.

Kurz der Straße nach, nehmen wir sofort die nächste Unterführung der Bahnlinie und kommen in die **Grabelohstraße**, die uns (schmal werdend) an einer Schule und am historischen **Haus Langendreer** vorbeibringt.

Nachdem der alte Adelssitz (13./14. Jh.) Mitte des 17. Jahrhunderts neu erbaut werden musste, verfiel auch dieser und wurde 1908 abgerissen. 1969 kam die Anlage in den Besitz des Landschaftsverbands Westfalen-Lippe, der hier eine Förderschule für Menschen mit Behinderung gründete. Als man begann, auch noch die letzten Überreste plattzumachen, setzte ein engagierter Bürgerprotest durch, dass diese restauriert wurden. Neben Teilen der alten Ummauerung mit einem Türmchen konnte so auch das historische Langhaus gerettet werden. Langendreer selbst ist viel älteren Ursprungs, geht auf einen kleinen Hof zurück („Threiri“, 882).

Anschließend geradeaus weiter bis zur **Oberstraße**. An der Ecke steht die ehemalige Brennerei Eickelberg (heute ein Restaurant) in einem überaus ansehnlichen Gebäude der 1930er-Jahre, das für seine gelungene Sanierung Anfang der 1990er-Jahre zu

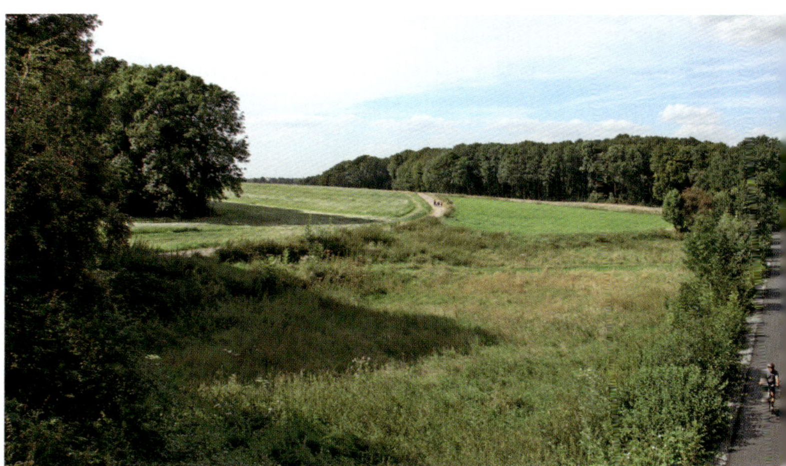

Dürener Schweiz mit dem Radweg „Rheinischer Esel“

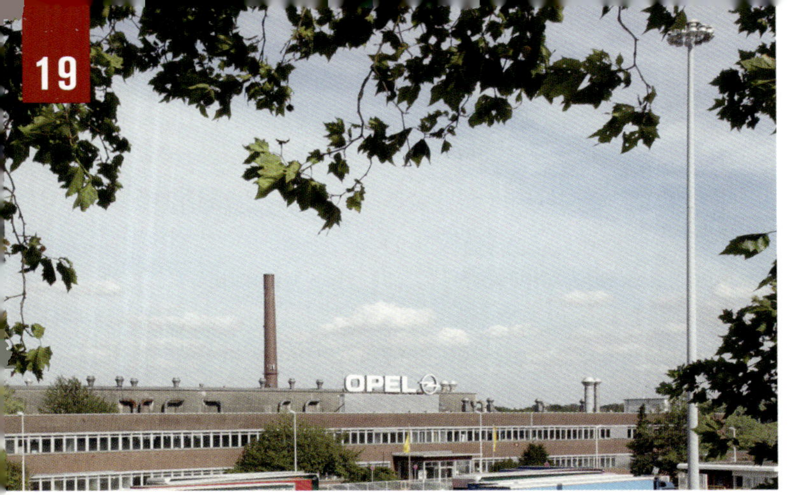

Seit den 1960er-Jahren in Bochum: Opel

Recht prämiert wurde. Das große E am hohen Schornstein gibt es noch immer, doch der Betrieb, der 1866 gegründet wurde, schloss 1970. Geradewegs der jetzt wieder breiteren **Grabelohstraße** nach, dabei am Altenheim vorbei und mit der Brücke über die Bahngleise. Noch einmal tut sich ein herrlicher Blick auf über die Felder von Grabeloh. Sehen kann man außerdem

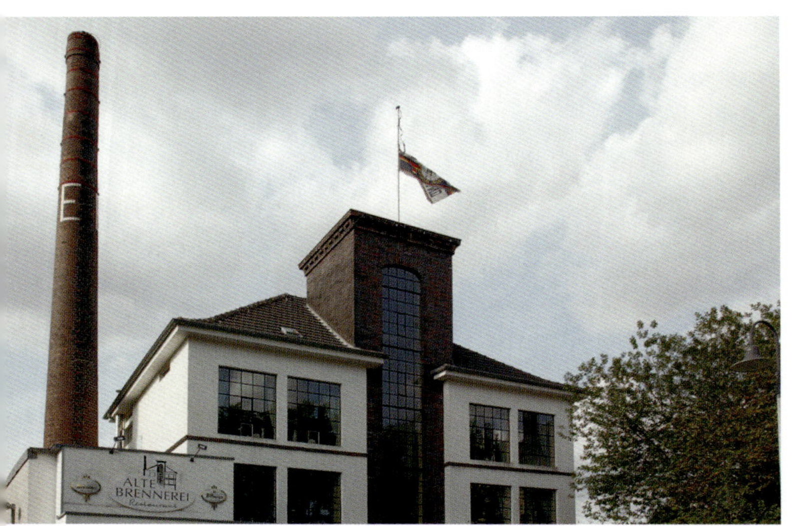

Alte Brennerei an der Oberstraße

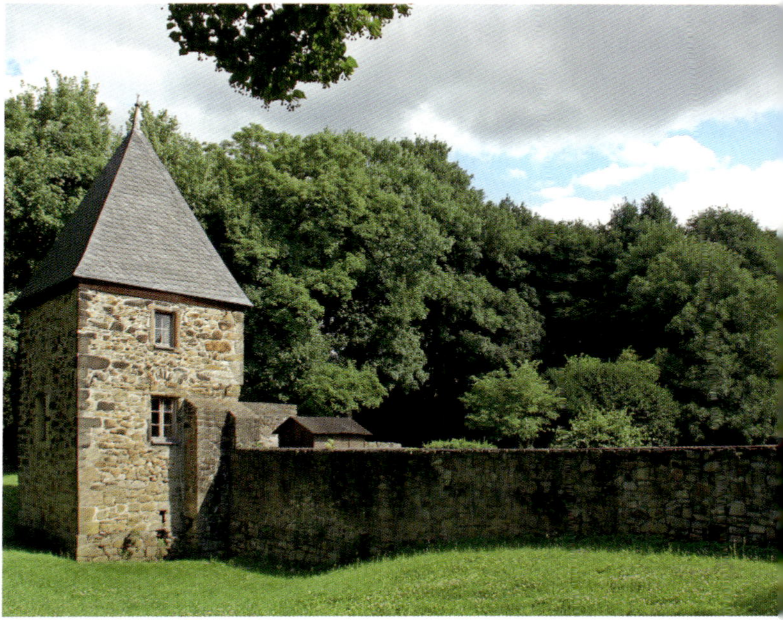

Historisches Haus Langendreer

das **Knappschafts-Krankenhaus**, dessen weißes Hochhaus aufragt wie eine Landmarke.

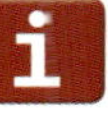

Auch früher schon gab es dort eine Klinik. 1909 wurde ein stattliches Gebäude im neobarocken Stil mit hellem Sandsteinsockel, rotem Ziegelwerk und Moselschieferdach eröffnet. Der Umbau nach einem Brand machte es recht schmucklos, und als das Hochhaus 1972 fertig war, wurde es abgerissen. Doch einige schöne Nebengebäude blieben damals noch erhalten.

Mit der **Grabelohstraße** weiter durch die Felder, vor Beginn der Häuser rechts in die **Stockumer Straße** und bald darauf links in den Fußweg durch das Wäldchen, das schon zur **Bömmerdelle** gehört. An der Wegekreuzung vor dem Krankenhausareal links, halten wir uns am Ende rechts und kommen zurück zum Ausgangsort.

Zwischen Bochum und Witten

Im Südosten der Stadt wandern wir rund um das Autobahnkreuz Bochum-Witten durch neue und erhalten gebliebene Naturräume. Vom Ümminger See geht es so hinüber ins alte Papenholz und durch bäuerliches Land fast bis zum Kemnader See. Auf dem Rückweg folgen wir dem Oelbach ein Stück durch die Felder, bevor wir am historischen Haus Laer vorbei zurück zum See kommen.

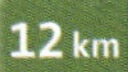

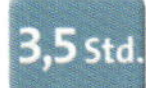

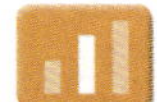

Start u. Ziel:
Parkplatz am Ümminger See, Industriestraße, 44894 Bochum

Bus/Bahn:
Straßenbahn-Linie 310 oder Buslinien 366 und 377 bis Haltestelle „Unterstraße", dort die Tour beginnen.

Wegbeschaffenheit:
befestigte Wege und Straßen, ein unbefestigter Feldweg; ein längerer An- und Abstieg sowie ein weiterer Anstieg; für Kinder geeignet

Wegbeschreibung

Vom Parkplatz am **Ümminger See** schlagen wir den Weg ein, der rechts neben dem Teich verläuft. Der kleine See der Bochumer Stadtteile Laer und Langendreer ist eines der besten Beispiele dafür, dass es möglich ist, auf einer ehemaligen Zechenbrache ein Stück rekultivierter Natur zur Erholung und Entspannung zu schaffen. Auf diesem Gelände breitet sich heute eine Wasserfläche von 10 Hektar aus, umgeben von Freizeit- und Grünanlagen. Und es hat sich eine überraschende Vielfalt an Wasservögeln angesiedelt; so ist z. B. auf der kleinen Insel im Norden eine Graureiherkolonie zu Hause, die dort gut zu beobachten ihrem Brutgeschäft nachgeht. Zu allen Jahreszeiten gibt es für vogelinteressierte Besucher etwas zu schauen, doch gerade zwischen Oktober und März ist es besonders interessant, da dann Kolonien von Wintergästen zum See kommen.

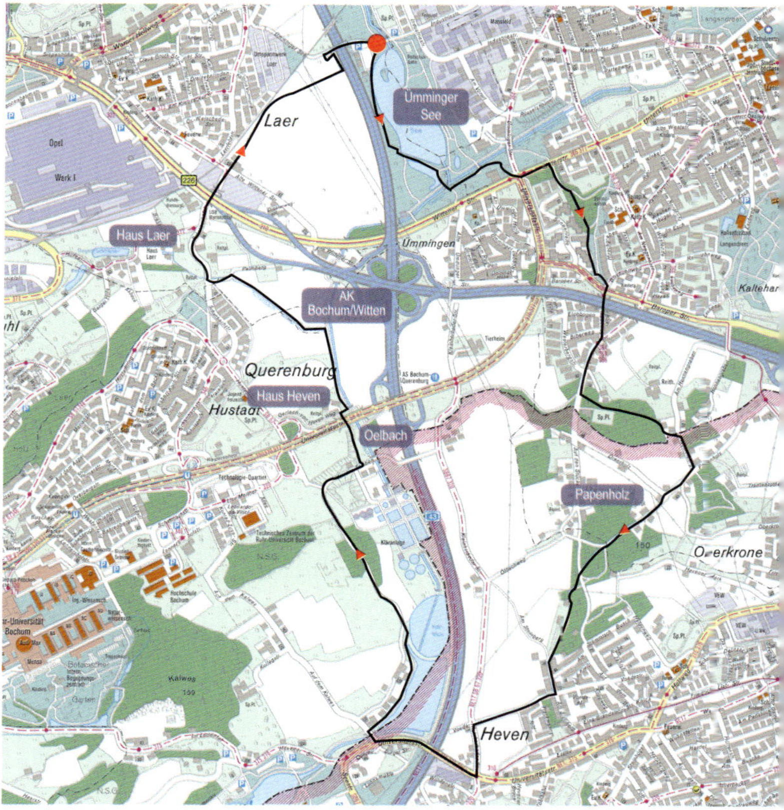

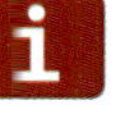

Das Areal rund um die einstigen Klärteiche der lange stillgelegten Zeche Mansfeld (siehe auch Tour 7) wurde Ende der 1970er-Jahre renaturiert. Noch heute wird der kleine See vom Harpener Bach gespeist, der wiederum aus den Harpener Teichen eine Menge des abgepumpten Grubenwassers der ehemaligen Zeche Robert Müser mitbringt. Dieses salz- und schwefelhaltige Wasser ist zwar nicht ganz ohne Belastung für das Ökosystem, soll aber dennoch unbedenklich sein. Über den Oelbach fließt es weiter und wird in der Kläranlage un-

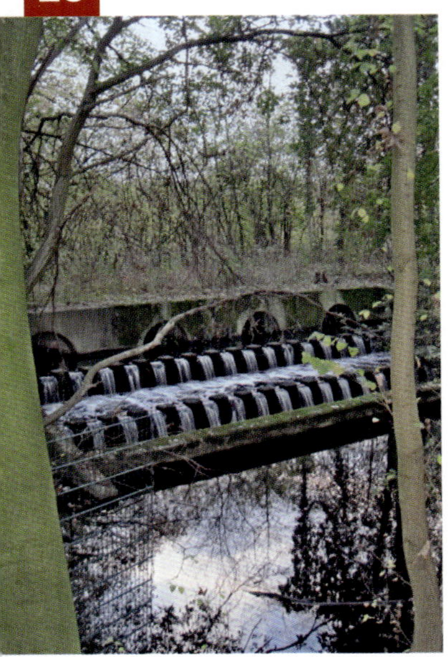
An den Oelbachteichen

terhalb der Uni-Straße noch vor dem Kemnader See aufbereitet.

Trotz der Nähe zur Autobahn 43 kann man am Ümminger See entspannt unter großen Bäumen flanieren, und auch für Kinder und Jugendliche wird einiges an Sport- und Spielanlagen angeboten. Am Ende des Sees halten wir uns links, um so aus dem Park heraus direkt zur Kreuzung an der **Wittener Straße/Unterstraße** zu gelangen (mit der Haltestelle bei Anfahrt per Bus od. Bahn). Die Straßenseite wechseln und nun links erst noch ein Stück der **Unterstraße** entlang, dann rechts in einen Fuß- bzw. Parkweg, hinauf Richtung Hochhäuser der Straße **Sonnenleite** und daran vorbei. Die kleine Grünanlage mit Wäldchen endet an der **Baroper Straße** schräg gegenüber vom **Birkhuhnweg**. Dieser bringt uns sofort durch die Unterführung der Autobahn 44 und geradewegs in die **Urbanusstraße** (benannt nach einer alten Zeche), auf der wir kurz darauf ins **Papenholz** kommen. Hier finden sich die Markierungen „B im Kreis" und W, denen wir links durch schönen, alten Laubwald nachgehen, bis wir an seinem Ende an der Stadtgrenze Bochum/Witten am Sträßchen **Westerberg** stehen, dem wir rechts mit „B im Kreis" einmal kurz hinüber nach Witten folgen. Der Ortsteil Papenholz gehörte übrigens bis zur Neuordnung 1929 zur Gemeinde Langendreer. Wir biegen wenig später wieder rechts (ohne „B im Kreis") in die Straße **Papenholz** ein, die uns durch ländlich geprägte Umgebung mit Reiterhöfen und Pferdekoppeln anschließend zurück in den Wald leitet. Dabei steigt der

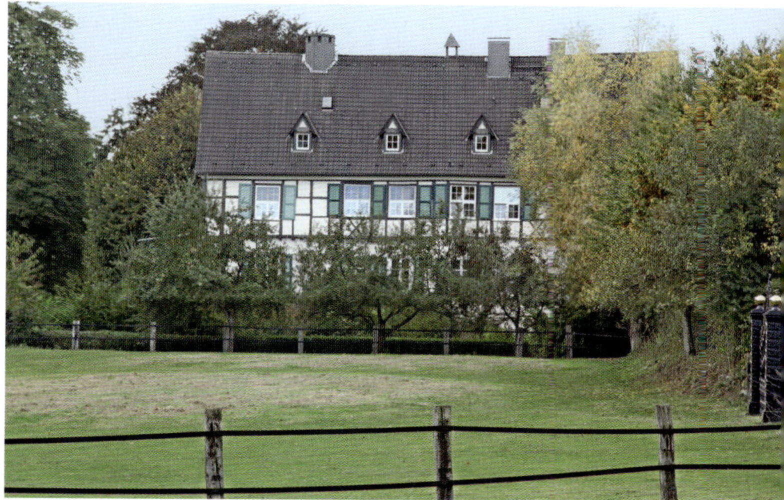

Haus Laer

Weg weiter an fast bis zur höchsten Stelle am Bückenberg (150 m) und fällt danach wieder ab, denn es geht Richtung Ruhrtal. Über die Felder hinweg kann man dann auch die A 43 sehen, die noch weit genug weg ist, um nicht zu stören. Am Rand von Heven kommen wir in die Straße **Am Steinberg**, nehmen an der Kreuzung rechts die **Voedestraße** und von dort links die **Kleinherbeder Straße** entlang der Felder. Mit der (Wittener) **Universitätsstraße** überqueren wir jetzt noch die Autobahn, und sobald wir das Sträßchen **Auf dem Kalwes** erreichen, sind wir quasi wieder zurück in Bochum. Es geht über den kleinen Oelbach hinweg sofort rechts in einen geteerten Fuß- und Radweg (Wanderzeichen „B im Kreis" und W), der nahe der **Oelbachteiche** verläuft.

i

Sie bilden die letzte Stauanlage des Oelbachs vor dem Kemnader See und klären den Oelbach und den Ablauf des Klärwerks Bochum. Als die Zechen noch in Betrieb waren, dienten sie dem Klären und Absetzen von Abwässern und Kohleschlämmen. 1978 verlegte man die Teiche wegen des im Bau befindlichen Kemnader Sees um ein Stück; dabei dachte man auch an die Belange des Naturschutzes, so dass die Oelbachteiche heute ein Paradies für Wasservögel sind. Und gemeinsam mit dem Kemnader See stellen sie mittlerweile eines der wichtigsten Überwinterungsquartiere von ganz NRW dar. So kann man speziell im Winter, auch weil die Büsche weniger die Sicht behindern, wunderbar die Vogelwelt beobachten.

Bald beginnt der Weg anzusteigen und zieht durch offene Landschaft hinauf mit schönem rückwärtigen Blick auf Witten und Umgebung. Zum Schluss recht steil, kommen wir in ein Waldstück, bevor es wieder abwärts geht. Schaut man dann nach links, sieht man oberhalb die Gebäude des neuen Technologie-Quartiers. Manchmal hört man von dort ein deutliches Brummen und Surren, denn das Gelände am Hang wird häufig von Modellflug-Piloten genutzt. Dem Fahrweg mit der Rechtskurve im weiten Bogen am Klärwerk vorbei folgen – man kann die großen eiförmigen Behälter gut erkennen – und anschließend (jetzt mit Markierung „Kreis“) links an Pferdekoppeln vorbei durch die Unterführung der **Universitätsstraße**.

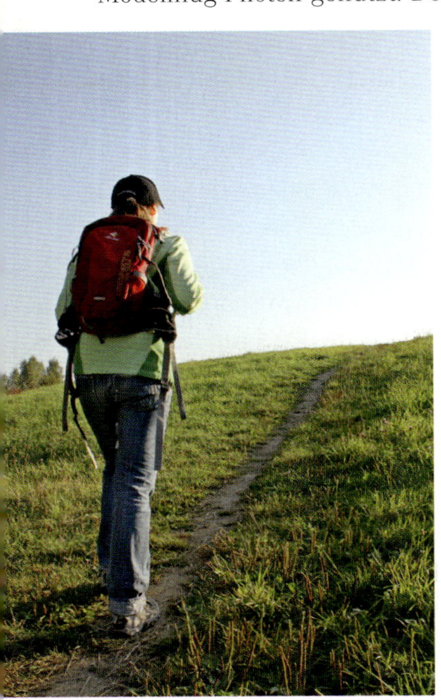
In den Wiesen am Oelbachtal

Gleich danach passieren wir **Haus Heven**. Das alte Bauerngut aus Ruhrsandstein in Rechteckform (privates Wohnhaus) links vom Weg wird hinter Bäumen leicht übersehen. Einige zugehörige Wirtschaftsgebäude sind besser auszumachen auf unserem Damm parallel zum kanalisierten Oelbach. So kann man auch die Aussicht über

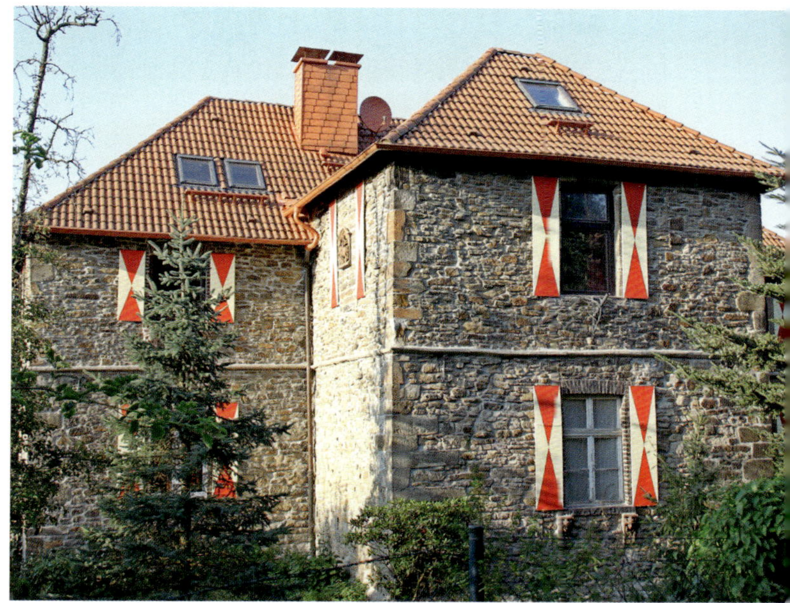

Haus Heven

die Wiesen und Felder genießen. Im Blick das Autobahnkreuz Bochum-Witten, biegen wir vom Damm ab und folgen Markierung „Kreis" links durch die Felder. Am Ende links haltend zur **Schattbachstraße**, verlassen wir Querenburg und kommen nach Laer. Romantisch liegt hier das alte **Haus Laer** in den Wiesen (siehe Tour 8), während wir rechts der **Schattbachstraße** nach (am Wertstoffhof vorbei) die Wittener Straße unterqueren und hinauf zur **Alten Wittener Straße** kommen (links geht's gleich zum Opel-Werk I, siehe Tour 8). Gegenüber aber beginnt (am Haus Nr. 69 vorbei) direkt ein Feldweg, der sich wieder einmal trotz Autobahnnähe und Hochspannungsmasten für uns Großstadtmenschen als recht idyllisch präsentiert und schließlich vor der A 43 in die Ümminger Straße einmündet. Haben wir die Autobahn überquert, ist der **Ümminger See** auch schon erreicht.

Weitere Bücher aus der Region

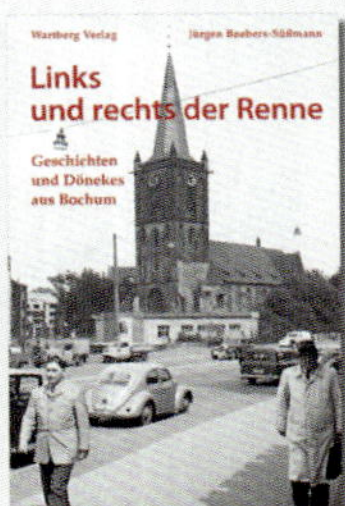

Jürgen Boebers-Süßmann
Links und rechts der Renne – Geschichten und Dönekes aus Bochum, Band 2
80 Seiten, geb.,
mit zahlreichen Fotos
ISBN 978-3-8313-2060-8

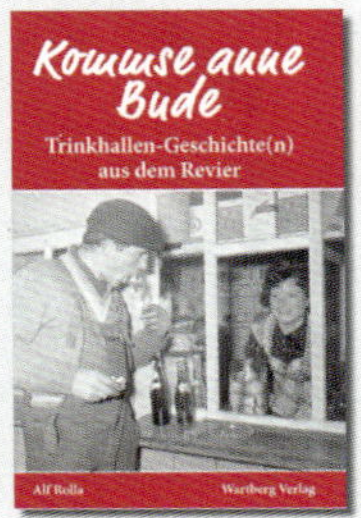

Alf Rolla
Kommse anne Bude? Trinkhallen-Geschichte(n) aus dem Revier
80 Seiten, geb.,
mit zahlreichen Fotos
ISBN 978-3-8313-1706-6

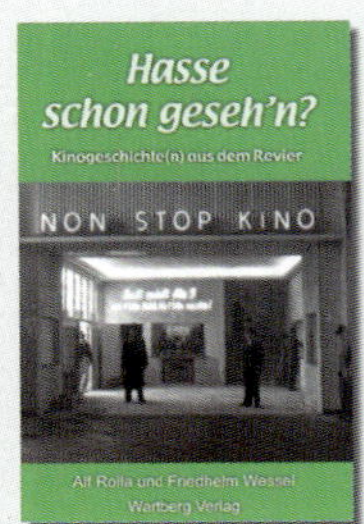

Alf Rolla, Friedhelm Wessel
Hasse schon geseh'n? Kinogeschichte(n) aus dem Revier
80 Seiten, geb.,
mit zahlreichen Fotos
ISBN 978-3-8313-2134-6

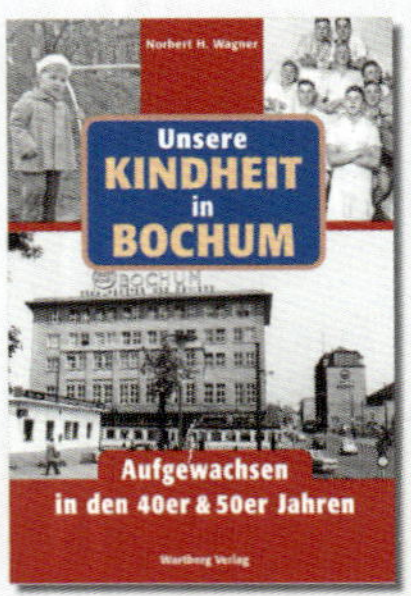

Norbert H. Wagner
Unsere Kindheit in Bochum – Aufgewachsen in den 40er und 50er Jahren
64 Seiten, geb.,
mit zahlreichen Fotos
ISBN 978-3-8313-1896-4

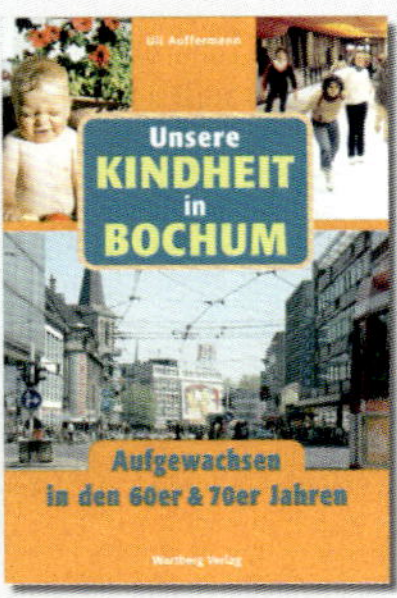

Uli Auffermann
Unsere Kindheit in Bochum – Aufgewachsen in den 60er & 70er Jahren
64 Seiten, geb.,
mit zahlreichen Fotos
ISBN 978-3-8313-1846-9

Wartberg Verlag GmbH & Co. KG Bücher für Deutschlands Städte und Regionen
Im Wiesental 1 | 34281 Gudensberg Tel. 0 56 03-93 05 0 | Fax 0 56 03-93 05 28
www.wartberg-verlag.de **www.kindheitundjugend.de**